在
婚姻裡

孤獨

羽
茜

目錄

婚姻的困難，
體現了愛總是
知易行難的一面

　　寫作這本書的起點，是我在第一本書裡的一篇文章〈關於愛情〉。我在描述成為母親之後，和丈夫的感情產生什麼變化時，突然有感而發地寫下：「在妳很孤單的時候，他也很孤單。」

　　後來我就時常會想，那種孤單對很多女人來說，都是一種震撼教育，因為我們都在不知不覺中相信，只要婚前睜大眼睛，選擇一個「對的人」，現在流行的說法就是「神隊友」，婚姻就應該從此一帆風順，無論快樂悲傷，都有一個人陪著妳。

　　這種想像卻在有了孩子之後打破，母親是一個非常繁重卻又被視為理所當然的角色，在我遭遇困難的時候，先生好像活在另一個世界裡。

　　被孤獨感淹沒讓我覺得非常悲哀，所以我也曾經有一段時間，總是跟未婚的朋友說：「別結婚比較好，沒有人比自己更懂得照顧自己，特別是女性，結婚只會增加更多的包袱。」

　　但說實話那不是一個令人快樂的想法，而是有些自傷自憐地表達已婚女性的困境，在婚姻裡時常感到進退維谷，卻不能像戀愛分手那樣輕易地轉身離開。

　　我們負擔的責任和義務變得很多，不是只有為自己，也必須為孩子、為家庭做出正確的選擇，這讓我們更容易感到焦慮，如果某些衝突就表示彼此不是對的人，那我們又能如何呢？每個人都有能力做到說走就走，還兼顧到孩子嗎？

　　但是「對的人」究竟是什麼意思呢？什麼情況表示對方已經錯得離譜？換個角度去想，我們只懂得用自己的方式去愛對方，用自

己的理想去期望對方，就一定是對方「對的人」嗎？

　　我有時候想我們是很害怕進一步思考這些問題，所以網路上被大家分享轉發的文章中，討論戀愛的總是比討論婚姻的深刻很多，關於婚姻的種種看法有時非常簡化，不是說某些人因為懂得經營生活情趣而過得非常幸福，就是一些「要互相體諒」的老生常談。

　　「要是有那麼簡單就好了，就是做不到互相體諒才會苦惱啊。」我總是這樣想著。

　　在婚姻裡，我們不像戀愛時那樣認真分析彼此，戀愛中的人總是停不下來地想要互相表達，這些表達有時非常深刻，會不斷觸及自己內心真正的陰影、需求，還有願望。但是進入婚姻，光是討論日常事務的分工、家用該怎麼規畫、性生活的頻率……這些看似表面而不觸及內心的事情，就足以讓我們筋疲力竭。

　　尤其是有了孩子之後，我們都會陷入自己的成見，習慣用「爸爸／媽媽不就是應該要這樣嗎？」來要求彼此，卻很少把對方看成一個「角色外的人」，一個不只有這些角色劇本的人。

　　在婚姻裡我們很常有不被愛的感覺，也會有懷疑自己是否依然愛著對方的心情，但我們很少進一步去深思這種感覺而是讓自己因忙碌而分心，因為我們真的很害怕，如果事情比我們想像中的還要糟糕，那這段婚姻、因這個婚姻而建立起來的家庭又該何去何從。

　　缺乏溝通會讓人覺得孤獨，只在表面上打轉的溝通，又會讓人誤以為只要分工和諧就是幸福。但很多分工和諧的夫婦，彼此都認可對方是好爸爸或好媽媽，卻還是會被一種缺乏愛情的感受所困擾，

覺得和對方的交流總是言不及義，有種真實的自己並未獲得接納的失落。

我沒有辦法對各種問題提出解答，也懷疑是否真的有這樣的解答存在。只是在自己遭遇這些問題、思考這些問題的時候，發現了思考和分析，對理解這些困境有多麼重要。我覺得我們必須承認孤獨是生而為人自然會有的一種感受，這種感受在進入婚姻後會比單身時還要強烈，因為我們懷抱錯誤的期待，以為兩個人在一起，總是比一個人來得「不那麼孤獨」。

事實是有一個人可以期待，對方卻讓自己失望的時候，那種孤獨感可能更甚於自己單獨面對一切，人的孤獨感時常會被不如期待的親密關係所強化，永遠不可能徹底消除。

只是當我體會過無數次疲倦於和對方溝通，好希望對方能夠「懂我」，不要再對我有那麼多要求的時刻之後，我卻開始覺得那不可能徹底消失的孤獨，其實無礙於我們在婚姻裡，實現愛人與被愛的可能。

不是因為我終於豁達到目空一切，對別人能做到「不期不待沒有傷害」，而是因為我不斷地思考，明白了這份孤獨感其來有自，不是來自對方，而是來自自己。

這樣說來這本書其實是我進入婚姻這幾年，雖然還相對資淺，對每個孤獨時刻的體會和反思，「面對自己」是比質疑對方更優先的功課，因為我們必須知道自己究竟為什麼會有這樣的感受，才有可能向對方做出正確的表達。

要了解自己就必須回溯成長過程中遭遇的每一件事、所受到的教育和暗示，我們並不是像想像中那樣很懂自己，認為自己都沒什麼問題，在這種不自覺的自我美化下，婚姻的磨合會變成只在於對方是否能夠理解自己，還有如何能夠改變對方。

　　自知之明為什麼重要，是因為經歷過理解自己的過程，誠實面對自己是一個有故事、有陰影、有缺陷的人之後，才有辦法用同樣公平的態度去理解對方的故事，做出適當的回應。

　　一味的忍讓或一味的要求都是不對的，讓自己的心理活動只停留在表面也是一種遺憾和可惜，婚姻裡發生的各種事情都是自我探索的機會，因為婚姻本身就是一種人生階段的轉換，隨著這項轉變會有很多角色附加上來，挑戰一個人如何在接下這麼多劇本之後，還能活得像真實的自己。

　　結了婚之後我發現很難跟別人解釋什麼是婚姻幸福，然而即使是婚前，我所定義的幸福也有些抽象而且更貼近大眾。

　　但我對這件事情逐漸發展出屬於我個人的詮釋，我認為的幸福，就是知道真實的自己受到接納，也有能力去接納他人。

　　那就是一個家真正該有的感覺，不是有一個遮風避雨的屋簷就能夠定義，對我來說那種幸福感超越了愛情的怦然心動，在婚姻裡要對一個朝夕相處的人心動太難，但對於對方和自己能夠彼此理解、也願意彼此承擔的時刻，會有另一種不同的感動。

　　對方原本是非親非故的人，卻能和自己如此接近，儘管接近並不是完全一致也不是心心相印，卻已經是各種人際關係裡最親密的

距離。

　　我現在已經不會輕易地對別人說，結婚是好或不好。因為無論單身或結婚，每一種選擇的好與壞，都看作出選擇的人如何去實踐自己的選擇。

　　人永遠都會感到孤獨，在不同的狀態下，孤獨感會因為不同的事情而加深，我們能夠做的只有誠實面對自己的內心，勇敢地承擔自己，還有對方。

　　婚姻不是愛情修成正果的一種象徵，而是新的開始和舊的階段的結束，在這種關係中我們揮去了戀愛時自動罩下的粉紅色迷霧，有了更深刻檢視自己和對方的可能。

　　問題在於我們雖然不像過去那樣盲目，相信彼此就是天作之合，但是在相處最需要智慧的時候，我們又不夠聰明，總是把焦點放在難以改變的另一半，而不是應該先去面對的自己的內心。

　　經營婚姻比單純的愛情來得困難多了，也不單單只是因為婚姻是兩個家庭的結合，即使如此婚姻的幸福還是我們值得努力的理由，只是這一切付出，也沒有努力付出就一定能獲得回報的保證。

　　在許多人都說婚姻的特色就是「沒有愛情」，追求相愛的感覺就不應該結婚的時候，我卻覺得婚姻的困難正體現了愛總是知易行難的一面，如同詩人里爾克所說的：「一個人愛另一個人，是我們被賦予最艱難的任務。」

　　而我只能以文字做紀錄，但願不論未來如何，我不會忘卻自己曾經這樣努力，想要了解真實的自己和對方。對我來說，那是愛的

基礎,沒有什麼幸福,能夠凌駕於克服互不理解的困境之後,覺得又向彼此靠近一步。

　　將這份紀錄與大家分享,也希望當中總有某些片段,能讓妳想起自己也曾經有過類似的感受,每個人都有各自不同,卻並非完全不能彼此理解的困難,就是這種偶然交會時互放的光亮,能夠暫時平撫內心永遠無解的孤獨。

傾聽
他人的溫柔

總是要經歷過一些事情才懂，懂自己當時其
實不懂的事，甚至很多事情現在也不懂，我
開始明白，沒有經歷過的都是想像。

　　二十幾歲的時候，有幾個三十幾歲的朋友，那時我們聊天，我都用一種「我想我懂」的方式回應。不管是育兒教養、婆媳婚姻、職場家庭，每一件事我都有自己的看法，而我也覺得，發表自己的看法是最有幫助的。

　　當然那時也會聽到朋友說「等妳有小孩就懂了。」「等妳結婚就懂了。」「等妳遇到就懂了。」諸如此類的回應，但我依然把那看成一種「我可以想像所以理解」，而不是自己尚未體驗所以其實距離很遠的東西。

　　我不知道自己是用想像力在理解這個世界，當然也不知道自己的回應，就算自認為出於好意，那些「我覺得妳……」「妳為什麼不……」的建議，其實只證明了我們生活經驗的差距，我根本不曾體會過朋友那進退兩難的無奈，才會堅持認為「有志者事竟成」。

　　沒有傷人的意圖，但有些說法可能很刺耳，朋友沒有說我自以為是只說「妳以後就懂」，可能就是因為視我為朋友，而且是小朋友，所以自然地選擇包容吧。

　　能夠知道那是包容，是因為我也到這個階段了。

　　跟年輕朋友聊天，會知道她們的想像還很多，說自己身不由己，她們只會覺得妳還不夠全力拼搏。

　　心情不好，或者是關係不夠親密的朋友這麼說，會有被貶低的感覺，覺得她們明明不了解，為什麼說話時把自己當成過來人，但是心情不同，或者交情比較好的朋友這麼說，即使是同樣的話也會有不同感受，會很羨慕她們的樂觀自信，沒有經歷過的事情卻能相

信自己可以，那就是青春，因為身在夾縫中的經驗有限，一切關係都還有「離開的自由」，甚至連遠離原生家庭也是可以被接受的事，在這種情況下對自己有極大的信心，所以人們才會說：「青春無敵」。

相信自己可以做到更好，無論是伴侶的選擇還是關係的經營，甚至是婆媳問題或工作與家庭的平衡，看到別人的經驗不會對未來感到不安，而是相信「雖然大家都那麼說，但是我不會那樣」，那種自信雖然有時聽起來刺耳，但是對於擁有這種自信的當事人來說，卻不是不好的鋒芒。每個人都要有這樣的階段，甚至是過了那樣的階段，還是有人會相信事情可以不一樣，事情才會有轉變的契機。

只是當我的角色改變，開始經歷當時朋友曾說的那些事情，有時會對自己當時的自以為感到羞愧。朋友用苦笑包容了我，我很想讓她知道，**我現在懂了那是包容。**

她在自己還想要訴說的時候，選擇了傾聽，感覺她在地上我在天上，因為年輕，我的想法還天馬行空。

不是每一件事情都會像過來人說的那樣悲觀，如果真的如此，人生就沒有樂觀的理由，但是當時朋友說的難處，跑來找我喝咖啡說是「換氣」，然後我們一起逛街，讓我慶幸自己還算有真正的「做過什麼」而不只是「說了什麼」。

說話是一件簡單的事情，也會把事情說得簡單，朋友哭泣時我曾經不知所措，不知道該說什麼好，但現在覺得，自己做對的只有那段沈默。

讓一個人說她心裡的難處，就算不能理解或認同她的為難，但

因為沒有真實地易地而處，沒有機會交換角色，我不應該說「我覺得」，而是聽她說她究竟感覺到什麼。

　　總是要經歷過一些事情才懂，懂自己當時其實不懂的事，甚至很多事情現在也不懂，我開始明白，沒有經歷過的都是想像。

　　和青春的樂觀相比，有時覺得年紀漸長是一種失去信心的過程，不再覺得事情一定可以克服而比較容易膽怯，但是相對地，失去了那種不知從何而來的信心之後，剩下的信心雖少卻比較踏實，因為那些信心的根據，是自己確實曾經經歷過，不管是挫折、失敗，還是不上不下沒有突破。

　　然而相對於自己的經驗，還是有太多不知道和未曾體會過的事情，不想再做出「聽得懂」的樣子而是想坦率地承認，很多事情我不懂，因為我沒有經歷過。

　　年輕時想做能給人正確意見的朋友，現在想來，多少還是因為希望被認為聰慧，被認為「有幫助」並且比實際年齡成熟，我現在的年紀太過強調自己「不年輕了」也有點過頭，但畢竟比當時年長，不再青春無敵，卻終於知道自己在這世界上確實還是小朋友，太多事情要學，也有太多事情未曾體會。

　　每次體會或經歷了什麼，發現和自己想的不一樣時就會察覺自己過去的傲慢，那種不知不覺的傲慢影響了原本可以做到的同理心和體貼，就覺得也許人總是要經歷一些失敗和不順遂，才能發展出理解他人的能力。

　　年紀到了更想做一個能夠傾聽的朋友，不再只是等待接話的空

檔而是真正保持沈默，這時我所想的「每個人都有各自的難處」才是我真實的想法，過去我只是口頭上這麼說，其實還是不懂別人的為難。

理解他人跟理解自己，都是一輩子的功課，往往是理解了他人的時候，了悟自己的笨拙。

但是在知道之後，原諒別人也原諒自己，因為我們都是獨立的個體，有各自的成長階段，自然也會有不能互相理解的時候。

就像夐虹的一首詩，「關切是問而有時關切是不問，倘若一無消息，如沈船後 靜靜的海面，其實 也是靜靜的 記得。」我們對別人的好不一定要說的很多，有時候，能夠不問不說，才有傾聽別人的溫柔。

因為相愛
而結婚嗎？

每個人結婚的動機都不同，而影響最深遠的，

可能是那些自己也不明白的。

　　在以前，單親家庭還沒那麼多時，有個朋友的父親就離開了家。離開的理由是因為和母親感情不睦，他的母親個性蠻橫又霸道，付出的代價是婚姻失和，一個人含辛茹苦地撫養四個孩子長大。

　　從以前到現在，不知道聽說多少次朋友為了母親的控制欲感到痛苦，反而少提到單親對他的影響，一直到結婚時他找了個和母親幾乎是一個模子印出來的對象，我們才感到驚訝，忍不住問他究竟是怎麼想的。

　　不是最受不了這樣的人嗎？獨立、事業有成的人，好不容易有一點點脫離母親控制的空間，怎麼會又跳進另一個火坑裡？

　　他只是淡淡地說：「她會變的，她答應我很多事情不會再那樣了。」

　　而我們旁觀者畢竟對她沒有那樣的感情，所以也不信任她真的會變，只是想著或許是愛情使人變得盲目，可以忽略「人不是輕易可以改變的」，那麼顯而易見的事實。

　　婚後幾年有了兩個孩子，他像一個避風港那樣盡力保護兒女不受到妻子的蠻橫所傷，就算輕描淡寫也可以知道那絕對不容易，加上太太和母親的個性幾乎如出一轍，兩個強勢的女人衝突起來，一個家好像就動不動火山爆發。

　　但是他依然堅持維護這段婚姻，對於母親和妻子努力地兩面討好，我們看他那麼辛苦總忍不住說：「你離婚，自己帶孩子不是比較好嗎？」畢竟那麼劍拔弩張的氣氛，對孩子的成長也未必是好處。

　　或許是因為大家在喝酒吧，一點點微醺解開了他內心的束縛，

他突然很激動地說：「我不要，我爸爸就是這樣離開我們家的，我絕對不要跟他一樣。」然後告訴我們他從小因為這件事情吃了多少苦。

我在那時突然懂了，每個人結婚，都有愛情以外的理由。

不是因為很愛他太太而結婚的，當然也不一定不愛，只是說他不把其他相處起來更為輕鬆，如果結婚，家庭氣氛也能更和諧的女性視為對象，是因為他想重建成長過程中，那個因父親離去而深受創傷的家庭。

而這一次他要證明自己會完全不同，無論和妻子的關係再怎麼令人疲憊，甚至是波及到他的兒女，這次他要扮演孩子們最堅強的依靠，絕對不把孩子留在風暴裡。

非常客觀、保持距離地思考這項目標的話，一定會覺得如果只是想要「不重蹈覆轍」，一開始就選擇截然不同的女性結婚不是更好嗎？為什麼不選擇輕鬆的道路，而是要創造一個和父親當年類似的困境，然後在裡面苦苦搏鬥呢？

我想那就是對父親的恨吧。

當然也可能是因為愛，現在的我已經懂了，恨是一種因愛而起的執著，因為對父親有這樣複雜的情感，選擇開啟一樣的故事，是為了向那個早就不知道消失去哪裡，三十多年卻從未離開他內心的父親做出證明。

「這一次故事的結局會不一樣，因為我不像你，我絕對不會放棄自己的孩子，再苦，我也會堅持住自己對家庭的選擇。」

　　人類是非常、非常複雜的動物，不像生物界那樣只受本能驅使，生物會選擇對繁衍有益的對象，對活下去有幫助，換言之，就是想讓自己活得更好，但人類卻不是。

　　雖然其他動物也會有心靈創傷，人類卻可能是用最不可思議的方式去面對創傷的，其他動物會避免遭遇同樣的傷害，人卻有可能無意識地想要複製過去。

　　如果不是和當年父親一樣的處境，那就是逃避，不算是成功的克服，也不能向父親證明，自己和他不一樣。

　　他想證明自己和父親是不同的，這個願望，好像在不知不覺中，已經凌駕於他對一個幸福家庭的想望了。而他自己卻未必知道。

　　我對這件事情印象之深，不只是因為他的態度堅決，也因為他是男性，這件事情又關乎婚姻的選擇。

　　常見的悲劇複製的故事，往往是在說女生是怎麼樣一次又一次選擇對自己始亂終棄的男人，眼見父母因外遇而失和，還是一邊說著「我痛恨小三」，一邊陷入和已婚男的不倫戀情。

　　因為這些常見的情節被當成童年複製的典型，故事主角又都是女性，還讓人以為男人就不會這麼感情用事，會很精明地避免同樣的問題。

　　但事實卻並非如此。與性別無關，每個人都有可能受到自己也不那麼清楚知道的動機所驅動，在其他事情上聰明敏銳，卻會在婚姻和感情的選擇上，有意識或無意識地放棄平凡和簡單的幸福，實現自己的執著。

　　我們能真的知道自己結婚的動機嗎？真的知道自己為什麼選擇這個人？世界上有那麼多人，每個人都有可愛和可恨的一面，為什麼偏偏對其他人毫無感覺，就是非某人不可？

　　我從朋友的故事裡感覺到人生的神秘，某一種力量，讓我們往自己也不見得清楚的方向走，只是這樣做究竟能不能得到自己想要的幸福，又或者我們旁觀者看起來辛苦，在當事人的內心深處，卻有種他終於可以實現某個願望的踏實，雖然做不到對辛苦甘之如飴，卻終究是他自己的選擇。

　　想心疼的說他很傻，又覺得誰能說自己絕對不是傻瓜，或許只是乍看之下，自己的選擇並不像單純的複製，究其內在，也一樣是個尋求療癒自己的過程。

　　每個人，只是自覺的程度不同，受內在力量和過去陰影操控的這件事情，努力地想要克服、用各式各樣自己想得到的方式，這個部分或許是一樣的。

　　我從那之後不再輕易地用「為什麼不追求簡單的幸福」來質疑他人，因為每個人的內心都很複雜，**覺得自己可以點醒別人是一種傲慢，而每個人都該擁有做出自己的選擇的自由。**

　　有時候也會想，特別是看著另一半的時候心想，我為什麼跟這個人結婚呢？我說我一直想要的那種幸福，因為沒有輕易得到過而一直嚮往著的那種幸福，我現在得到了嗎？如果我說我想要某種東西，我為此付出足夠的努力，而**努力的方向對了嗎？**

　　這種自問是我了解自己的嘗試，而我將一直問下去。

在婚姻裡面，也存在著各種關係。

婚姻裡兩個人建立起來的關係，是深層的了解或不了解，因為即使誤解也有可能把兩個人緊緊維繫在一起，像誤以為自己需要對方的人，就會讓自己一直需要對方。

每個人結婚的動機都不一樣，有表面的理由，也有不為人知，甚至自己也不明白的原因。

而無論當中有多少是基於誤解，對自己以為需要、其實不需要的人事物的誤解，因為婚姻有其物理性的存在，一旦結婚，就算彼此已經沒有心靈上的交流，這個空間、法律形式、身為對方家人和孩子父母的角色，還是可以把兩個人綁在一起，做最熟悉的陌生人。

有時候我想陌生人可能好過仇敵，當我們想像婚姻就是一個山洞，最關鍵的目標只是生存下去時，可以忍受心靈的交流是零，兩個人只是單純地分工合作，像有人打獵，就有人往火堆裡添柴。

但仇敵就不一樣了。仇敵是怨恨對方無法滿足自己的人，就算不得已分工合作，內心也想報復對方帶來的失望和痛苦。

而我曾經無比納悶的是，為什麼有人寧可和自己、和對方的恨意共存，也從不思索其實可以走出這個山洞。是為了孩子嗎？但是當兩個人相互爭執時，孩子受到的傷害和恐懼，難道不是被很有默契地擱置一旁？

除去經濟的理由，夫妻寧可互相怨懟也不分開，「為了給孩子一個完整的家庭」聽起來就是很像託辭，不願意結束，也不想讓對

方輕易結束，更像是行為背後的真心。

或許，恨是愛的另一種形式吧。

每當我看見那些徒勞無功的想要改變對方，又因為對方不被改變而心懷怨恨的夫妻時，就覺得這種執著跟瘋狂的愛又有何異，就是一定要對方變成你想要的樣子，而這世上明明就有那麼多人，不用改變就已經符合你的需求。

因為非要對方不可所以產生怨恨，不願意去選擇他人而堅持要自己的打造，這就是為什麼在山洞裡陌生人好過仇敵，陌生人互不干涉，儘管在感情面上空虛，卻相對自由和安全。

我始終覺得最好的婚姻關係是朋友，而且是非常、非常好的朋友。雖然這樣的關係似乎非常少見，也有可能真的做到的人·許多都是普通人而自覺不值得一提。

但是在看見一些喜愛的作家，像是曾野綾子和三浦朱門、楊絳和錢鍾書，在自述裡可以看出他們實現了「互為摯友」的婚姻關係，又會讓我對自己的理想重燃希望。

朋友之間沒有戀人那種想要改造對方的控制欲，而是一種支持對方的意願。有時候對某人愛得太深會讓我們無法自制地表現出最糟糕的一面，因為太過渴望對方用我們想要的方式共築愛情。

而深刻的友情是一種以尊重為前提的彼此欣賞，即使是不欣賞的地方，也能夠因為這份尊重，而給予空間讓對方做自己的選擇。

有些夫妻走到後來，要對方做什麼之前從來不會先詢問，比方說希望對方出席聚會，就是直接下達一個指令，理由是「你／妳那

天又沒有別的事情」，或者是對方為自己做了什麼，像是買了一杯飲料過來，也視為理所當然而沒有一句謝謝，這些事情不會發生在朋友之間。因親密而視對方的配合和付出為理所當然，其實就是讓夫妻感情變得平淡，產生不愉快，彼此都覺得不被重視的原因。

再好的朋友也會對彼此說謝謝，即使是小事也會詢問對方的意願，看起來夫妻之間這麼做好像很麻煩，畢竟生活中的瑣事太多，但就是這種習慣，能夠提醒自己把對方當成另一個人，也讓對方感受到被尊重並且珍惜。

如果把婚姻建立在性與激情上，那種危險的程度就更不用說了。雖然坊間總有一些書強調夫妻之間要努力維持乾柴烈火的熱情，但肉體關係註定會隨著時間變化，當彼此的身體狀況改變、熱情不再，開始面對衰老和病痛，如果不能共同面對，在身體變得不由自主時依然互相扶持，在一起的理由也就消失了。

不知道自己該不該結婚，
是因為無法放棄改變對方。

一個接近所謂的適婚年齡的朋友問我，不知道自己究竟該不該結婚。雖然已經被男友求婚，她還是可以提出無數個覺得不該跟對方結婚的理由，但是要就這麼不結，她也可以提出無數個覺得非結不可的理由。

　　主要還是因為男友雖然有結婚的意願，卻不是她認為對的人，雖然對他有愛情，對其他異性都沒有那樣的感覺，但理性上又覺得「兩個人不適合」，所以躊躇不前。

　　我想這就是現代人的困境吧。

　　愛情已經被認為是婚姻的基礎，因而不可能考慮跟沒有愛情的對象結婚，但有愛情的對象卻未必是適合結婚的人，為了讓自己跟符合理想又彼此相愛的對象在一起，課題就會變成「究竟該如何改造對方」。

　　不去改造別人是因為不愛別人，但是被以這樣的方式愛著，因而被要求改變的人，可不會對此懷抱感謝。對方也可以說「我覺得你根本就是不愛我，才不接受我原本的樣子」，總之相戀數年的情侶走到後來，在開始討論婚事時，就會陷入「愛情究竟是什麼」的大哉問。

　　是不夠愛他所以不能接受他不理想的地方嗎？是愛得不夠盲目吧。但是要自己盲目一點又做不到，因為一旦結婚實在是牽連甚廣，渴望控制自己生活的人，無法想像每件事情都要起爭執、和對方爭論誰該讓步的關係。

　　現代人談愛卻又愛得不夠飛蛾撲火，沒辦法聰明地選擇愛的對象，卻在愛上之後變得聰明而且機警，對於對方可能會降低自己生活品質、不斷惹自己生氣、生活習慣產生的摩擦都可以預期，那「究竟為什麼要結婚」這個問題就又會浮現，在心裡不斷地糾結。

　　「想跟這個人在一起」是一個願望，「想要理想的生活」又是

另一個願望，兩個願望時常互相衝突，身為已婚者的我先是勸，覺得還是不要跟不理想的對象結婚，但日子久了眼看她也幾乎無法再愛上別人，想法也逐漸改變了。

我開始覺得最痛苦的不是結，也不是不結，而是無法下定決心就這麼耗著，最後無論結或不結都像是被人逼的，而無法感受到那是「自己的選擇」。

人不是為愛傻一次，就是為了生活而聰明，就算已婚者難免會覺得，跟能夠過著理想生活的對象結婚會比較好，但也可以想像如果不是選擇自己認為愛的對象，和「不愛，但好像各方面適合」的人在一起，恐怕一輩子心裡都會感到遺憾。

問題是在於**既然要結婚就要放棄改變對方**。雖然人們總會想，磨合到彼此適合的狀態再結婚才是最為理想，但實際上有的人就是無法被磨合，如果堅持和愛上但不適合的人結婚，就要有一種覺悟，這段婚姻不可能成功地改變對方成為相愛又適合的人，不過是成全自己盲目的愛情。

怎麼做都會後悔。老實說，但也不是別人的運氣就比自己好太多，遇到的對象都是既相愛又適合。我總覺得那些給人這種感受的夫妻只是知道婚姻和諧的秘訣：「要好好的在一起，就別妄想改變對方。」

能夠改變的只有自己的心態，說欣賞太難，至少讓自己對對方的缺點變得可以接受，和那些「不完美」和平相處。

人沒有辦法一次滿足兩個願望，總是在決定兩個願望要占多少

的比重，是想成全對這個人的愛，還是更想要過著自己理想的生活。人可以擁有的只有這兩個選擇，而沒有一個選項是「成功的改變對方」。

婚姻的維繫，本來就不同於愛情。

許多婚姻發展到最後，不是變成陌生人就是仇敵，讓人納悶究竟人為什麼要結婚。

也有些人因此強調，婚姻制度最早只是為了傳宗接代，現代人想要在婚姻裡實現那麼多願望，原本就是「錯的」。

也有人，在我看來是更無聊的，用和其他生物的比較來批評婚姻制度是多麼不切實際，特別強調那些自然界的雄性動物，不是一夫多妻，就是擁有充分的性自由。

那丟掉手機、汽車、脫掉衣服重回自然界打獵不就行了嗎？人類社會裡，明明就有那麼多不符合生物天性的東西。

我在學了社會學之後知道每個時代、每個社會，都會對事情賦予不同的意義和理由，而現代社會強調個人主義，所以人們選擇婚或不婚，至少在表面上或自我認知上，都是為了自己。

結婚不為傳宗接代，人活著也不是為了家族或名譽，一切都是為了個人幸福，然而在每個人都說「一定要幸福」的時候，究其內在，**每個人想要的幸福其實都不一樣**。

　　對於結婚的雙方來說，重點可能是彼此的搭配，不需要符合普遍的幸福定義，只要雙方都覺得滿意，就是難得的幸福。

　　而當我們有越來越多的朋友進入婚姻，已婚者的小圈圈聊起天來，就越來越有一言難盡，卻又彷彿一切盡在不言中的感覺。

　　對於別人的婚姻關係是脆弱或強悍，這樣的婚姻是幸福還是不幸，不再那麼輕易地做出結論，我想是經歷過婚姻的人才有的體會。

　　要非常喜歡對方才會幸福嗎？太過喜歡，可能會無法接受對方在婚後發生改變，對對方不是那麼喜愛，只是下定決心要在一起的人，卻有可能做到包容對方。

　　單身時我們多半只認同因愛情而在一起，想像沒有愛情的婚姻，就覺得世界上沒有比那更恐怖的事情。但是結婚卻會讓人深刻地體會到，婚姻的維繫，本來不同於愛情。

　　愛情是比婚姻脆弱的，因為雙方可能只在愛情上有所連結，一旦其中一方的愛情消失，關係就失去意義。

　　但是婚姻卻是從各個層面將兩個人綁在一起，所以會有各式各樣讓人無法輕易脫離的理由。很多婚姻發展到後來，有沒有愛情根本就不重要了。

　　為什麼跟這個人結婚，旁人的解讀總會跟當事人不一樣，而當事人的選擇，又可能跟他自己說的也不一樣。總之讓別人理解並不重要，重要的是在做出選擇時，人必須盡力了解自己。

　　就像有的人會一再原諒外遇的丈夫，每次都說這樣的痛苦「絕對是最後一次」，但也認為丈夫一次次的回頭，就表示「自己還是最好

的」，這種詮釋強化了她的忍耐力，也讓丈夫的罪惡感逐漸降低。

同樣的行為也有人絕對不會原諒，只要一封曖昧的簡訊就可能導致離婚，因為在某些人的認知裡真愛必須是極端的純白，而沒有得到這樣潔白無瑕、毫無汙點的愛，就是對自己最嚴重的貶抑。

了解自己，知道自己為什麼這麼做，是最重要的，就算說自己是愛的太傻才這樣，我覺得也是一種覺悟。但很多人說不出自己是因為愛情還是因為其他什麼，反而讓每個選擇都變得像是別無選擇的隨波逐流，那是最讓人感到後悔的。

婚姻裡不能強求改變對方，但兩個人的互動就像化學作用，逐漸地，會讓雙方都被這段關係改變。所以非常堅持要做「原原本本的自己」的人，邁入婚姻一定會感到痛苦。

總之，結婚的理由可能連自己都未必清楚察覺，外人就更難窺其堂奧。

就算能夠像《慾望城市》裡的姊妹淘一樣，從年收入到性生活無一不對彼此分享，那些分享也只是表面，我們只能說出那些自己覺得能夠說的事情，而每個人的內心世界，有多少放不下的執著和脆弱，依然是不對外開放的秘密。

我們能夠看清自己內心的秘密嗎？在這個主張「為了自由，生命與愛情皆可拋」的社會，明明知道婚姻就是束縛，依然踏入婚姻的動機？認清自己真實的願望，雖然不保證就能如願以償，但至少在感到痛苦、面對挑戰的時候，會因為知道自己為什麼在這裡，而多出幾分必須要自己承擔責任的覺悟吧。

婚姻的真相
是一個秘密，
只有雙方可以共享

一對夫妻無論表面上看起來如何，彼此心
靈和身體交流的頻率和密度，那些真正決
定婚姻關係的品質，讓人感到幸福或不幸
的事情，是只有彼此才知道的祕密。

這是我很喜歡的比喻：婚姻是一個山洞，非常狹小而且封閉。

除了當事人以外，所有人都在婚姻山洞的外面，不管是父母、手足、孩子、朋友，甚至是第三者。

這也是為什麼婚姻可以讓人感到無比孤獨，因為如果和同處一個山洞的人之間，只有很少或非常淺薄的情感交流，或者是極端強烈，然而充滿憎恨、厭惡、不滿等等的負面情感，因為沒有任何其他人可以轉移注意力，也沒有其他人可以徹底地傾訴，只會讓人感覺比單身的時候還要孤獨。

單身時的孤獨因為被視為理所當然，所以有更高的耐受力，不管是生病時必須自己照顧自己，自己面對生活中各種挫折，因為沒有別人可以期待，所以也不會有因為期待落空，而導致的失望和痛苦。

而已婚者總以為自己擁有一個可以期待的對象，一個會和自己在一起，為彼此遮風避雨的人。當那個人反過來讓願望破滅，否定兩個人在一起的意義，面對那種孤獨感和寂寞，就真的無處可逃了。

舉個例來說吧，許多人都覺得只有在生病時才會感受到單身的痛苦，平日裡只要身體還算健康，經濟上還過得去，單身，允許人們把時間和資源投注在自己身上，可以用自己的步調生活而不受他人的限制和束縛。

但是生病時就不一樣了，人在身體不由自主時總是特別脆弱，必須自己拖著沉重的病體去看醫生，住院也沒有人噓寒問暖，如果是危及生命，讓人感到前途茫茫的疾病，更會覺得平日自己享受的

各種自由，還不如在這時有一個會伸出手來，握住自己發抖雙手的人。

但最讓人感到悲哀的是什麼呢？不是原本就沒有這個人，而是有這個人，他卻不用你期望的方式待你。

在生病時過得宛如單身，沒有人照顧也沒有人關心，如果說我們踏入婚姻，多少還是期待建立互相扶持的關係，那麼在這個時候，就會體會到連單身時都未曾體會過的孤獨。

一對夫妻無論表面上看起來如何，在這種沒有旁人看見的時候，還能不能給彼此真正的溫暖，是彷彿盡義務一樣陪對方看幾次病、替對方出個醫藥費就自認是個好伴侶，還是雖然無法分擔太多，卻努力給予對方真正想要的安慰，對對方有真實的不捨和心疼，是只有當事人才知道的秘密。

孩子是距離最近的觀眾，
也是最有可能的受害者。

在婚姻這個共同秘密之外，距離最近的是孩子。這也是為什麼一旦父母的婚姻不快樂，孩子幾乎都會因此受苦，痛苦的形式則因人而異。

我在嘗試書寫婚姻時別無選擇地要回憶自己的成長過程，父母的爭吵讓我對「愛究竟是什麼」感到困惑，對婚姻的意義也有所懷

疑。

　不只一次我在他們的婚姻裡看到憤怒和恨，但那種放不下也斷不掉的執著，又讓我思考這或許是愛？但是既然愛有可能一瞬間轉變成恨，那人怎麼可能在愛裡感到安全？如果愛總是會跟傷害連在一起，那又怎麼會是一種值得的追求？

　或許我從小就是哲學家性格，一個問題無法解決絕不罷休，但一個問題總是帶出另一個問題，問題層層疊疊，當時的我當然不會知道，這些困惑，可能用上一輩子也找不到答案。

　除了疑惑以外，我心裡還有普遍存在於婚姻失和的家庭裡，孩子對自我價值的無處著落。因為只要父母宣稱，不分手有很大原因是為了孩子，孩子就會覺得自己並不是愛的結晶，而是讓自己所愛的兩個人，父親與母親，必須忍受不愉快婚姻的罪魁禍首。

　如果不是因為自己，父母就可以獲得自由。

　那麼自己的價值究竟何在呢？就看自己能對父母做出多少彌補了。

　後來我才知道這種想法非常普遍，郭強生在自傳作品《何不認真來悲傷》裡也提到，他是在父母已經有離婚念頭時，發現懷孕而讓計畫破局的孩子。

　如果不是自己，父母的人生或許會截然不同，可以終結過去的錯誤，迎向嶄新的未來……父母很少知道孩子把他們的婚姻，跟自我的價值是這樣綁在一起，他們認為自己的婚姻跟孩子的人生是分開的，對於孩子跟自己生活在同一個屋簷下，任何一點風暴都會互

相影響的事實視而不見。

好希望父母能說自己不是錯誤、不是人生的累贅⋯⋯我曾經因為母親說「是因為妳，媽媽才得到乳癌」而傷心不已，後來才有能力轉換想法，像是安慰自己那樣地想著，或許她這麼說，只是因為對於我出生的那年，她在婚姻裡受到的委屈始終無法釋懷。

身為一個孩子，每當聽到父母說起婚姻裡的不幸，就會被喚起自己好像不應該出生、出生時間錯了、生錯性別或者不符期待的各種愧疚，一邊對無法單純愛著自己的父母感到生氣，一邊卻又卯足全力，想要用自己的方式讓父母獲得補償。

夫妻關係就是那樣直接又強烈地影響到孩子，讓我一度認為孩子是唯一可以知道婚姻真相的人，夫妻在面對外人時都會各有各的說法，避免家醜外揚，也把自己描述成單方面的受害者，但孩子因為距離太近，得以見證許多事情的過程與結果。

只是後來我才逐漸明白，孩子看見的也不會是全部，婚姻最終是一個只屬於兩個人的山洞，孩子就和其他人一樣，就算受到風暴波及，也在這段關係的外面。

能夠看見的永遠是父母讓他看見的，這部分會因為父與母的角色扮演而和真相有著距離，親子關係再怎麼親密，孩子也只能看見部分事實，對於父母婚姻關係中的問題，當然也不可能提出解答。

無奈的是總有人把求助的對象轉向孩子，不管是對著孩子抱怨、訴苦，還是明確的要求孩子做些什麼，這些努力想讓父母快樂起來、還不懂其實自己根本不可能為別人的人生做些什麼的孩子，就開始

扮演傾聽者、陪伴者、心靈支柱……背負起超過他人生經驗所能承擔的負荷。

如果人一開始就能承認婚姻中的孤獨該有多好,我的意思是,承認並且接受,婚姻是只屬於雙方,因此當對方背過身去,自己就無所依恃的一種關係。這樣一來或許夫妻會願意承擔起只有自己能承擔的責任,知道身旁的人包括孩子,都不能也不應該為自己的婚姻做些什麼。

真正的問題總是只有自己和對方可以解決,如果對方沒有解決的誠意,也只有自己可以改變自己的想法和處境,不去徒勞無功地向別人求助或到處埋怨訴苦,那只會讓自己更苦、問題更複雜,甚至還牽連到無辜的孩子。

雖然是對對方有期待才走入婚姻,但是人生總有些時候,是只有自己可以期待的。這是已婚者應該要有的意識。

向外探求,無助於解決內部的問題。

婚姻還有一個重要的部分就是性與激情,這個部分尤其會對孩子保密,許多夫妻真正的問題是出於性生活不睦,但這種不和諧擴散到其他地方,對外、對自己的孩子,都說是在其他事情上溝通困難。

因為真正的問題總是只有當事人知道,想解決問題,也只有當

事人有此能力，但是習慣性地，人們會因為對對方不抱希望、不再信任、或者對對方的困境不感興趣而將注意力轉向，只是不斷雕琢自己對外的說法，間歇性的，透過各種治標不治本的方式紓解婚姻的壓力，外遇就是其中之一。

在日劇《晝顏：午後的人妻》就有這麼一段，在家裡被丈夫當成花瓶、生兒育女的機器的主婦，藉由不斷地外遇來感受「自己的價值」。想要被某個人重視、被珍惜的想法在婚姻裡無法得到，離婚的話又怕失去孩子，還有女性在經濟上的弱勢，總之，明確的台詞我已經忘記了，大意是「如果不這麼做（外遇），我早就已經崩潰了」。

不只是女人會渴望藉由婚外戀愛，讓婚內的缺愛獲得平衡，也有男人說因為外遇而對妻子感到內疚，反而因此對妻子更好。甚至有來賓在談話性節目上說：「外遇，是婚姻關係的潤滑劑」……這類的說法和現象，都顯現出人們無法在婚姻內解決婚姻問題，就會轉而向外追求滿足。

但這真的是解決婚姻問題的良方嗎？感受不到另一半的愛，可以用別人的愛來取代嗎？又或者跟愛無關，只是肉體快感的追求，這種追求，能持續性地平衡自己婚姻中感受到的匱乏嗎？

如果自己單方面的選擇用這種方式解決問題，對對方來說，是不是另一種無法彌補的傷害呢？

夫妻之間如果有共識，只要維持表面上的和諧，在外人眼中看來幸福，那麼或許還能允許對方私下尋求個人的滿足，只要不破壞

這項協議。

　　但問題是很少夫妻是取得共識之後才向外探求，讓這種平衡只不過是暫時，長久下來，還是會造成更大的災禍。

　　婚姻的幸與不幸，都是只有自己和對方知道的，好與壞，都是雙方共同的責任。如果只有一方拿出誠意，當然絕對不足以解決問題，但是在徹底對對方斷念而要放棄溝通之前，其實通常還有很多，或許可以再試一下，和對方共同努力的契機。

　　可惜的是我們往往會被孤獨感打敗。在說出去的話總是不被對方理解、甚至被對方誤解的時候，被那種突然襲來，覺得自己果然還是不應該相信這個人、甚至是不應該結婚的絕望感所打敗，於是每個像冬天到來時不可避免的寒冷的低潮，就被人工化變成了永恆。

　　而那本來是有機會重新再來的，或許可以挽回的錯誤，那些「當時如果知道，或許可以做些什麼」的遺憾，也是婚姻裡，只有當事人才知道的祕密。

不能接受幻滅的人，
不適合結婚

婚姻讓兩個人在各方面的連結都過分緊密，
在太多的權利義務和期待下，一定會體會到
對彼此的失望和憤怒，隨之而來的就是幻
滅，不管是對對方，還是當初作為結婚理由
的愛情。

　　星期天的早上，心情有些低落，我讓先生顧孩子，自己躲進房間寫文章。透過文字紀錄下讓我心情不好的事情之後，面對著什麼都不知道的孩子，還是打起精神一起出去散步。

　　曬到太陽心情提升了百分之三十，吹到風又再提升到百分之六十，一路上心情就從勉強及格恢復到八十分左右，果然在孩子還年幼的時候，一起關在家裡是最不明智的選擇。

　　一個早上的憂鬱、煩悶、好像隨時就要脫口而出的憤怒，就這樣因為一些毫無關係的事情，像是陽光、微風、小孩送我的花、父子玩鬧的背影而逐漸轉好，看著他們我心裡想，啊，這就是生活，**生活總有高低起伏，以為會永遠持續下去的不快樂，就跟快樂一樣並沒有永遠可言。**

　　可能心情不好的原因跟丈夫孩子有關，所以腦袋裡轉個不停的疑問是「女人到底為什麼要結婚生孩子？」其實結婚的女人往往更**理解不結婚的理由**（這表示我們其實很難解釋自己的行為？）因為如果可以，想要對某個人的喜歡、信賴、崇拜，甚至是愛，都可以長長久久地延續下去。

　　但婚姻卻不是如此。它讓兩個人在各方面的連結都過分緊密，在太多的權利義務和期待下，一定會體會到對彼此的失望和憤怒，隨之而來的就是幻滅，不管是對對方，還是當初作為結婚理由的愛情。

婚姻就是別無選擇的幻滅。

幻滅是一種很不好的感受，有的人會盡其所能地避免幻滅，舉個例子，有個朋友非常非常喜歡一個偶像，喜歡到無論人在何處都會想起他的程度，但她卻從未想過要真實地靠近對方，就連見面會也敬謝不敏。問其理由：「我不想對他幻滅。」

我其實覺得很能夠理解。想要永遠地喜歡下去，就必須控制和對方之間的距離，讓自己永遠處在「知道，但不是全部」的狀態。但婚姻就是取消了這樣的空間，讓兩個人對彼此都知道得太多，所以喜歡和崇拜、對一起生活的各項好感和憧憬，都沒有辦法長久維持在一個高點。

婚姻會讓人看見不夠好的自己和不夠好的對方，不只是對方令人幻滅，自己也一樣令人失望，我在結婚之後坦誠地面對自己的內心，才發現自己多麼自私，總是希望被對方包容而不是相反，每一次的付出都有忍耐的成分，但我曾經以為自己只要能夠為對方付出就會感到滿足。婚姻是一面不說謊的鏡子，一旦踏入婚姻，就無法一直相信自己很特別，不會有墮入凡塵的一面。

然而即使婚前就隱約有這種感覺，知道所有的粉紅色泡泡都會因此打破，卻還是結了婚，有了孩子，度過無數個心情起落的早晨。只在夜晚所有人都睡著的時候，特別容易憶起一個人的生活是多麼平靜美好，那時總是覺得自己會不一樣，而不需要用任何事件來檢驗這是否真實。

　　不該結婚的理由會隨著已婚的年資增長而越來越清晰，自己為什麼結婚生子，動機卻依然神秘，仔細想想卻又不覺得後悔，難以解釋的就是這個不悔，即使覺得一個人還是比較自由自在，卻並不想回頭去取消這個選擇。

　　因為不想要一輩子沒有冒過險吧，不想要一輩子沒有經歷過幻滅和失望，想知道在那之後還會有什麼，想要更了解另一個人還有自己，而不是保持距離地想像或欣賞。

　　我總覺得人在內心深處可能都有想了解真相的欲望，不管是了解自己還是人生，讓我們感到神秘，如飛蛾撲火想要一探究竟的不是性的魅力，而是我們內在的真實。儘管結婚時我們憧憬的不是這些，但只要不停止思索和自省，似乎沒有比跟一個人建立如此親密的關係，更能夠讓我們看見自己真正的樣子，承認自己並不那麼美好，但最幸福的是在這樣的坦誠之後，還是有人能夠接受。

　　接受彼此真實的樣貌是一種修鍊，要時時提醒自己和對方並沒有那麼不同，他不體貼，反過來說自己也是不想體貼他才有此抱怨，他因為他的性別在很多地方顯得占盡便宜，尤其是在父母角色的對比下，但很多時候，自己也不想要和對方交換。

　　在幻滅之後我們還能不能包容彼此，還有接受在近距離下不可能保持圓滑的關係，是在婚姻中能否感到幸福的關鍵。在《愛無能的世代》這本書中，作者米夏埃爾·納斯特引用哲學家韓炳哲（Byung-Chul Han）的話：當今世代的特色是光滑無稜角，愛情也不例外。也就是說為了避免彼此的性格牴觸而造成傷害，所以越來越

多的人避免投入愛情，不再強調忠誠也不作出承諾，就是想讓每一段關係都可以輕鬆地切斷，有所接觸時也能維持平順光滑。

看到這段時我想，結婚就是這種邏輯的對立面。粗糙和傷害都無可避免，極近距離的接觸會讓人跟人之間的差異變得更加明顯，哪怕這種差異是原本相互吸引的地方，也會變成生活中無止盡爭吵的來源。

我曾經特別害怕感情因為衝突而磨損，總覺得一旦愛情被倒空，婚姻就只是一個監獄關著兩個不自由的靈魂，但幾次之後我又發現有些衝突不可避免，感情會因為彼此口不擇言的相互攻擊而受傷，我們可以選擇不要那樣的尖銳，卻絕對不能堅持表面上的和平。

從未產生衝突就表示沒有人說出心裡話，長久下來彼此都會在心裡懷疑，曾經承諾彼此不相離棄，是不是只是「想要有個人在身邊」而做出的虛偽，而不是真實的愛情。

婚姻裡面一旦停止對話，當然指的不是「今天吃什麼」那種無關痛癢的對話，我們就會開始停止認識對方，甚至會懷疑自己從一開始就是愛上心中的幻象，而現在愛情的結束，只是因為自己不願意再次受騙而已。

這種因為缺乏內在交流而導出的一廂情願的結論，沒有給彼此真正了解對方的機會，就跟我們一開始一廂情願地認為對方是天作之合一樣，是擅自的開始，又擅自的結束。

真實的婚姻不能在想像中努力，不能只是在一個人的夜晚流淚或憤怒，當然這樣的夜晚確實存在，而是必須要承認沒有人在這種

距離下，還能建立平順光滑的關係，兩個真實的人之間，註定會有沒完沒了的不合和衝突。

選擇婚姻的人不能抱持著「光滑至上」的當代邏輯，不能夠害怕現實的崎嶇和坑洞，一個人生活可以維持光滑無阻力的表面，但就無法體會到知道自己被另一個人接受的幸福。

迴避掉現實的考驗，也會無從知道自己究竟有沒有能力，去接受另一個不完美的人。

真實的自己和真實的對方都不美好，就像婚姻也不保證美好，美好只是一種個人感受，這種感受還不一定會和另一半同步。但婚姻確實是讓人認識真實自我的一個全新起點，在相處發生困難時，無論大事小事都可以探問自己，為什麼我會這麼想、這麼說、有這樣的感覺。向內探詢而不是向外指責，用真實的自我和對方互動，如果能夠跨越性格不同的障礙，共同解決一件事情，彼此相視而笑的成就感也是別處無法獲得。

再一次地，這麼多的「好處」，其實都不是我們當時選擇結婚的理由，但既然有種神秘引導我們走上這條路，那麼在已婚的時候，就努力把結婚的好處發揮到最大，好好體驗婚姻給我們的各種好與不好的感受。想想那就是人生的滋味，好過平順卻缺乏起伏，我想那就是面對婚姻，我們唯一能有的態度吧。

當時到底為什麼結婚，一輩子都在這解謎的過程啊。

不能稱為
謊言的謊言

真正的自己能夠被對方接受，是一件幸福的事，
但我們能夠決定的，只有自己要用什麼態度，
付出多少的努力去接受對方的真實。

人們最喜歡閒聊的話題，就是那些婚姻裡的謊言，聽說誰誰誰被背叛了，哪一對夫妻又貌合神離。

但是在茶餘飯後拿已婚者的故事當話題的人，很少能夠意識到，謊言其實在戀愛的時候更難揭穿。因為談戀愛時僅僅見到彼此身為戀人的一面，很少需要共同承擔的事情。

加上戀愛時大腦激素的分泌，據說這些化學物質會讓人自信心膨脹、喪失客觀判斷能力，換言之人們會更傾向於相信自己的判斷，所以戀愛中的人只要說：「假如是我，我不會……」就可能取信對方，卻沒有事實可以檢驗證明。

但是在結婚之後，可以看到對方如何扮演家人、兒女、父母，兩個人必須共同面對人生階段的變化和隨之而來的挑戰，一個人究竟像不像自己所描述的、能不能做到自己所曾經承諾的事情，身為另一半的人，其實有機會看得一清二楚。

就像現在幾乎每個人都會說自己男女平等，但是卻有那麼多夫妻，為了婚後住進婆家、去哪過年而發生爭執。**所謂的政治正確就是每個人都知道標準答案是什麼，而當真正面臨衝突的時候，每個人都只想順從自己的內心。**

因為這樣，我有時候覺得比起政治正確，還不如早點承認自己是哪些地方「就是政治不正確」會比較好。

承認自己對某些事情有偏見、有怪癖、有些事情就是無法公平的看待……如果早一點知道自己有這些部分並且承認，可能在結婚前，就可以跟對方達成真實的共識。

　　舉個例來說吧，到現在認定妻子就是要負責全家人的三餐，替婆婆分憂解勞的男人還是很多的。如果這些人都可以在交往時就開誠布公地說：「我覺得老婆就是要負責家裡的三餐。」是不是也可以找到跟自己有同樣想法，或至少願意這麼做的對象呢？

　　問題就在於這當中有許多人，知道戀愛時這麼說會嚇跑對方，於是裝作對這點毫不在意，到了婚後，才為了妻子不願意這麼做而不斷引起衝突。

　　戀愛時盡可能地誠實，其實是可以降低婚後因意見不同而爭吵的風險，然而很少人不會在戀愛時撒謊，尤其隱藏自己政治不正確的部分，又或者因為缺乏對某件事情的實際體驗，在想像中自我美化。

　　所以幾乎所有人在婚前婚後都會有落差，只是有些人能夠睜一隻眼閉一隻眼，有些人不能，在看清對方是多麼地平凡、自私而且現實之後，面臨自己該離去或留下的兩難。

決定結婚，就要承擔不美好的現實。

　　戀愛中的人總覺得自己很特別，用這樣的眼光來看，當然也會覺得對方很特別，婚後才會發現這種特別其實並不存在，在婚姻裡，是將王子和公主都打回原形的日常。

　　揭穿謊言後依然可以感到幸福，或者更正確地說，是經歷過謊

言無法持續、憧憬破滅、一段無可避免的疼痛和顛簸之後,兩個人基於對對方全新的認識,調整好新的方向後再一次感到幸福。

這一次兩個人無須撒謊,彼此都可以用真面目面對彼此,我覺得是最踏實的。

然而這很不容易,因為對很多人來說,接受不美好的現實,總是比抓緊美麗的謊言來得困難。

但緊抓著對方曾經說過卻無法做到的話,甚至指控對方做不到就是說謊,可能也會喚起對方想要反擊的衝動,我們會發現除了真正蓄意的欺騙以外,不管是對方或是自己,在婚前都一樣毫無自覺地把想像揉合進現實,於是婚後,當你追究對方「為什麼做的跟之前說的不一樣」,對方就會反過來追究你。

許多謊言並不是有意的欺騙,只是在現實來臨之前,我們都不夠了解自己,更無法預測在踏入婚姻之後,面對那些考驗,自己會變得怎麼樣。

我也曾經看過婚前相信自己可以跟對方長輩相處愉快的人,婚後因為無法忍耐與長輩同住而堅持搬家,但是另一半也堅持著「妳/你婚前自己說可以的!」而讓整件事情毫無轉圜餘地,於是就在「你當初騙我」、「早就告訴過你了」……無止盡的追究和爭吵中,沒有人做些什麼來解決真實的問題。

其實我們只是自以為了解所以誇張了自己的能力,因為對婚姻沒有實際的經驗所以把一切想像得太過簡單,同樣的事情也可能發生在對方身上,總之,要認定那是欺騙,還是沒有惡意的自我美化,

還是自己可以選擇的。

這時候又覺得愛得比較盲目的人反而比較快樂，因為傻傻去愛，對於自己所愛的人，對方做什麼都可以解釋成好。

就算對方沒有實踐婚前的承諾，也會主動為對方找理由，相信他是不得已而不是一開始就蓄意欺騙，比起不留給對方任何賴皮的餘地的人，這樣的人在婚後，反而能夠過得比較平靜而單純。

畢竟人的行為總是有兩個面向，一個是行為本身，一個是對行為的詮釋。

要說對方是壞人所以欺騙自己嗎？還是視改變為理所當然，覺得對方也沒那麼壞、並不是存心要自己吃虧嗎？

同樣的行為被加上兩種不同的詮釋，對婚姻的影響就截然不同了。

沒有所謂客觀的事實有的只是自由心證，也有人覺得，什麼事情都拿放大鏡來檢查，指責對方不夠努力甚至很壞，恰好是一種「不愛」的證明。

真實的安全感，來自真實的自己被接納。

在婚姻裡想要有真實的安全感，有時必須暴露自己內心的脆弱和缺陷，承認自己很多事情努力卻做不到，過程中也會害怕受到對方的指責。

　　這並不是擺出無賴的姿態對對方說：「反正我就是這個樣子，我就是這種人」而強迫對方接受，而是尋求對方的理解和接納，觀察對方能不能接受自己有這樣的一面，如果不行，要共同努力解決問題。

　　如果從來不這麼做，不去向對方坦承，就很有可能只會得到表面上的和平，而在每次因瑣事爆發衝突時，一股腦地宣洩對彼此的不滿和失望。

　　也有些夫妻真的是在年老的時候才接納彼此，年輕的時候都拼命地想要改變對方，不願意接受對方「就是這個樣子」，老了沒有和對方僵持的力氣，才不得已接受了身邊的人。

　　我很難不去想，這樣究竟算不算是一種幸福。婚姻的大多數時間都只有表面上的和平，轉頭就是互相的抱怨和排斥，並沒有真實的接受。一直到事情已經不可能發生轉圜，一切都已成定局的最後階段，才接受了「這就是自己選擇的伴侶」，停止為過去感到後悔。

　　但人生好像也就是這樣，人總是需要時間學習，而每個人學到一件事情，所需要的時間又各自不同，因而總是會有遺憾和後悔。

　　比較起來這樣的結果還是好過從年輕時爭吵到老，直到生命告終都還是一對怨偶，只是難免會想，在人生最豐富多彩的階段，兩個人花費多少力氣在改變對方，既然註定一切都是徒勞無功，如果當時就把這樣的拼勁拿來練習接納，學習欣賞對方和自己不同，卻是戀愛時相互吸引的地方，年老時，會不會有更多美好回憶值得回想。

　　真正的自己能夠被對方接受，是一件幸福的事，但我們能夠決定的，只有自己要用什麼態度，付出多少的努力去接受對方的真實。對方接不接納我們，反倒是只能盡人事聽天命的事情，

　　有時看著那些年老的夫妻，想像他們曾經用什麼方法，承受對對方的期望和失望，有過多少眼淚和歡笑，又花了多少力氣去包容彼此。可以知道當中一定有一些人，並沒有修過這門課，只是走著走著就走到了白頭偕老，內心仍然殘留著無法真實交流的遺憾。但一定也有一些人是確實做到了，在戀愛的感情早就隨風飄散的時候，兩個人變成了相互理解的朋友，在生活中分享各種喜怒哀樂，體會到和戀愛不同，卻是細水長流的幸福。

　　這時就會覺得自己還有如初生之犢，在婚姻這門課當中，高度要求每個學員面對真實的自我，從對方那看穿了自己的眼睛裡，知道了自己並不完美，也學習接納對方的真實。

　　我才剛剛開始學習。

在婚姻裡追求完美，
註定會累積失望

我也是對婚姻抱持高度期待的現代人之一，卻逐漸明白，讓我們感到失望和不幸的常常不是現實，而是我們過高的期待。所謂的幸福就像那句老生常談：「不是因為擁有的多，而是因為想要的少。」

以前的人談結婚就是為了生活，為了男主外女主內的分工，為了共同養育孩子和照顧家人，婚姻制度裡有非常多男女不平等的規範，但在對於「平等」毫無概念的時候，女人也會把一切當作自己的宿命。

據說我的奶奶就是如此，年輕的時候在花生田裡工作，被當時家裡是地主，自小受寵的爺爺看上，就要求我的曾祖母前去提親。

說是提親其實貧窮人家的女兒不會被平等相待，曾祖母不喜歡這個媳婦，在奶奶的嫁妝準備要搬進新房時，故意下馬威不讓嫁妝進門，那些對新娘子來說就是娘家祝福的衣櫃、用具，就被放在四合院中間的廣場上淋雨淋了一夜。

據說奶奶也哭了一夜，之後婆婆的各種刁難、丈夫在外面另組家庭、妯娌不和等等的辛酸，我們都不知道內向安靜的奶奶能夠向誰訴苦，那些故事，自然也只能隨時間消逝。

但她只是那個時代的眾多女人之一，而在當時，女人的命運幾乎全仰賴於出生什麼樣的家庭、和什麼樣的人結婚，因為別無選擇所以全是宿命，人在面對宿命時，自然有種不得已的沉默和平靜。

愛情是個人主義盛行後的產物，女人也必須達到一定的經濟獨立，獲得個人自由之後才能談愛情，否則每一段愛情都註定像《安娜·卡列尼娜》裡的安娜，發生在婚姻之外，不只被認為悖德，還會導致毀滅性的結局。

能夠自由戀愛是一件幸運的事，歷史上頭一回，女人有了選擇自己喜歡的對象結婚的自由，奇怪的是，當我們想像傳統的婚姻，

因為沒有愛情而充滿了無奈和痛苦時，以愛情為基礎的現代婚姻，造成的痛苦和失望也是不相上下。

說起來很弔詭，都可以跟喜歡的、自己選擇的對象結婚了，為什麼沒有比以前的人更滿意自己的婚姻，為什麼婚姻關係沒有變得更穩定，反而是分分合合？愛情究竟是讓婚姻更美好的元素，還是與婚姻天生互斥？

自從愛情被視為婚姻的基礎之後，現代人就在婚姻裡寄託了太多東西了。

有太多的願望想要透過婚姻實現，或者說，是認為婚姻「應該」要能實現這麼多願望，現代人想像婚姻跟其他事情一樣，可以透過努力不斷的進化提升，所謂的「好，還要更好」，這種無止盡的追求不只讓人對婚姻感到疲累，婚姻根本就無法承載那麼多的事實，也會赤裸裸地攤在陽光下。

即使懵懵懂懂地結婚，認為自己深愛對方而結婚，也可能因為婚後發生的各種事情，讓一個不了解自己的人突然認清了自己（和對方）的真實。

原來自己根本不想為對方付出那麼多，原來所謂的愛對方，只是期望對方實現自己的願望，愛原本是我們結婚的理由，但是有很多人，結婚並不是準備好付出愛，而是等待著要接受。

愛是包容、忍耐、盼望，這些詞彙暗示的是以關係為主體、為優先的各種付出，但是現代人談的愛情卻是以個人為主體的，渴望的是「自我實現」，這個非常抽象的願望暗示的是無止盡的追求更

好、更理想的自己,於是到了婚後,夫妻都會為了「該以誰為優先」而不斷吵架,很少人有「以關係為優先」的覺悟,理想的關係,被認為是為了滿足個人而存在的。

為這段關係做出妥協、忍耐、包容,這些付出必須要是自動自發的,一旦對方提出就會覺得自己是被「愛我就應該……」的說詞綁架,是一種情感勒索,但自己也無法克制向對方提出同樣的要求。

對追求個人理想的現代人來說,以關係為主體的愛情無疑是「不理想的」,充滿了向現實妥協的痕跡,但以個人為主體的愛情又太過理想化,人們只有在想像中才能做到,能夠互不干涉彼此的自由,又能相愛相守甚至結婚。

好與壞都是赤裸裸的,愛與恨都是最強烈的,自從現代人把愛情跟婚姻綁在一起,婚姻就承載了太多個人的理想,被看作是實現各種願望的途徑,反而就更容易讓人失望了。

許多人表面上說的是「我們」,心裡想的是「自己」。

過去的人只把婚姻看成分工的形式,單純的只是為了確保下一代能得到撫育,那時透過媒妁之言結婚的兩人,對婚姻的期待,或許只有和諧的分工,還有還算合得來的個性。

我曾在秦嗣林的《那個年代,這些惦記》裡看過一個動人的真

實故事，故事主角是趙清玉，在一九四九年青島撤退時，因為沒有軍眷身分就無法搭船逃難到台灣，只好在連長的提議下，在軍隊中，選了一個素昧平生的陌生人成為夫妻。

她是在那個年代少數受過良好教育的女性，竟然就這樣嫁了一個不識字的文盲，連對方說的鄉下方言也聽不懂。撤退來台之後，趙清玉考上師專，一路奮鬥做到校長，丈夫李仁倉收入微薄，還做過拾荒。許多和他們一樣只是臨時湊數的夫妻都離了婚，兩個人卻相知相惜、彼此呵護著過了一生。

「老天爺在最後一刻指定他當我唯一的親人，我有什麼好挑剔的呢？」在被問到怎麼能夠接受這樣門不當戶不對、毫無感情基礎的婚姻。趙清玉是這樣回答的。

看在選擇伴侶時一定精挑細選，唯恐遺漏任何一個潛在風險的線索的現代人眼中，這樣的婚姻故事除了浪漫，更多的是不可思議吧。

在那個時代，婚姻的起點全憑緣分，後續的生活則憑個人努力，如果我們也能調整自己的想法跟他們一樣，或許有百分之九十以上的夫妻都會覺得相當幸福。可惜對婚姻的要求一旦提高就無法重新調整，現代人想像的理想婚姻，是伴侶在心理、身體、經濟和社會各方面的需求都要能互相滿足，這種願望就算在理論中也難以實現。

每對夫妻都要面對某一部分的問題，在某項條件上的缺憾，生活上可以互相配合的人可能缺乏激情，而擁有激情的人可能缺乏經濟上的安全。

　　現在最常出現的一種解釋兩人不合的理由還包括「對方沒有成長」，但這種成長與否的判斷無疑是要求對方配合自己成長的步調。提出的一方可以理直氣壯地說「我想要的是共同成長的伴侶」，而被提出的一方，則很難避免彷彿被貶低或輕視的羞辱。

　　成長到底是什麼呢？有人覺得對方每天只會上班下班、做家務、顧一下孩子，沒辦法和自己討論事業的經營和理想，就叫做沒有成長。也有人覺得成長是在生活達到一定水平之後，兩個人對休閒娛樂要有一樣的品味，喜歡看藝術電影的人抱怨另一半只看好萊塢片，覺得那就是沒有成長。也有人覺得成長就是要有更好的互動品質，當自己說了一堆，對方只是點頭喔了一聲，這種話不投機，也有人認為是對方沒有成長。

　　總之，只要在網路的兩性討論區上搜尋關鍵字，就會發現成長是一個非常主觀的字眼，每個人的定義不同，卻同樣拿來表示對另一半的不滿。

　　而成長本來是純屬個人的事，現在卻變成是拿來要求另一半的一種說法，甚至成了關係的殺手，在只求平穩度日的人眼中，會覺得這是追求變化的人在庸人自擾，但是真的為此煩惱的人，大概也只是用成長兩個字，來概括一種說不清道不明，總之覺得對方沒有跟上自己的期待的感覺吧。

　　婚姻制度從過去到現在已經有了非常大的轉變，主語也在不知不覺中從「丈夫」轉變成「我們」，也有許多人表面上說著「我們」心裡想的是「自己」，但始終不變的是天造地設的一對並不存在，

沒有人天生適合。

　　所謂的天作之合總是不斷磨合後的結果，在彼此的妥協和包容下，對那些彼此「不合」的部分，能夠達成共識並且坦然接受。

　　我也是對婚姻抱持高度期待的現代人之一，卻逐漸明白，讓我們感到失望和不幸的常常不是現實，而是我們過高的期待。所謂的幸福就像那句老生常談：「不是因為擁有的多，而是因為想要的少。」

　　當我們都被培養成不斷追求更好的個人主義者，把關係中的妥協都視為退步，這個獲得幸福的秘訣在實踐上就會越來越困難，我時常這樣反省著。

在婚姻裡，
思考自己想要
什麼樣的幸福

想要婚姻一直維持和諧的秘訣、想要兩個人

一直愛下去的秘訣，我曾多少次走進書店、

點開網頁，不過就是想知道這些。卻發現那

是只屬於每一個人的秘密，就算有人說自己

毫無隱瞞地分享，也不會是全部，更不可能

適用於每一個家庭。

　　婚姻能帶來安全的希望，也有最無處可藏的危險性。

　　有的人結婚不過是想脫離原生家庭，但那不表示後來不會有愛，也有人因為愛而結婚，當愛消失，婚姻依然像是自有生命，又延續了數十年。婚姻的發展總是難以預測，持續再久，也可能一夕破滅。

　　現代人想像理想的婚姻是以愛情為基礎，兩個人必須先有愛，才去考慮其他條件。但愛情充其量只是讓人想要跟某個人結婚的起點，甚至沒有這個基礎也不影響許多婚姻的存續，因為已婚並不像「已戀愛」那樣，需要以至少其中一方的愛作為資格。

　　已婚，真的只是一種形式而已。

　　婚姻不是幸福的保證，尤其與另一個人同處於一個山洞裡，會因為出去時該用什麼態度面對別人而不斷爭吵，更會因為只有彼此可以看見的一面，而感到失望或痛苦。

　　很多資深的已婚者說，現在問他們愛不愛自己的伴侶，「實在是說不上來」。彼此分工合作了好多年，吵也吵了，當年的浪漫也早就幻滅，「愛」好像是在回憶裡才會出現的名詞，原本因為有愛才結婚，經過這許多年的相處，反而不知道愛還有沒有了。

　　而我總是寧可相信，就算沒有愛，也有一種一路走來，相互感謝的恩情。

　　若是連這樣的感情都不存在，對我來說，這段婚姻在精神上早就消失了。

　　我書寫婚姻到底能給別人什麼呢？除了對自己做一層層的自我

探索和揭露以外，可能不會有太多幫助。我所發展出來試圖解決自己問題的行動和語言，也可能只適合自己的婚姻關係，對於身處於不同婚姻山洞裡的人來說，就像外星語那樣無法移植。

或許分享就只是分享吧。像閒話家常那樣輕飄飄的沒有份量，我在山洞裡抱著膝蓋坐著的我思和我見，不是能夠讓別人羨慕或學習的婚姻榜樣，不過是不斷地觀察和嘗試理解，而觀察的對象是自己和對方。

想要婚姻一直維持和諧的秘訣、想要兩個人一直愛下去的秘訣，我曾多少次走進書店、點開網頁，不過就是想知道這些。卻發現那是只屬於每一個人的秘密，就算有人說自己毫無隱瞞地分享，也不會是全部，更不可能適用於每一個家庭。

讓自己想要留在婚姻裡的理由，什麼會給自己堅持下去的動力，什麼情況會想脫離這段關係，什麼可以讓自己感到幸福。

這麼說起來婚姻又跟其他事情一樣，雖然總會受到外在條件的牽制，但最重要的，還是要知道自己是什麼樣的人、想要什麼樣的幸福。

如果連這點程度的自知都沒有，只是看別人覺得很好而結婚，或者懵懵懂懂地只是為結婚而結婚，那就像跳進一個看起來好其實自己不甚了解的公司，在不能輕易離職的情況下，註定要承受「這不是我要的」的痛苦。

關於婚姻該怎麼經營的種種問題，往往都很主觀，沒有標準答案，只有一個又一個不同的選擇。

我曾經把婚姻區分為幸福和不幸福，深怕自己選擇建立的家庭，屬於不幸的那一方。這樣的區分就像托爾斯泰講的，「幸福的家庭大致相似，而不幸的家庭則各有各的不幸。」

這樣看起來，幸福的家庭應該有一個普遍適用於所有人的秘訣吧。

現在的我不這麼想了。

我覺得這個分類還是太過簡化。幸福與不幸福，在一個家庭、一段婚姻裡其實是反覆的出現，覺得自己是幸福的，那幸福未必持續到永遠，覺得自己不幸，那樣的不幸，可能很短暫，也可能是某種自己也不知道的，想要扮演犧牲者的自我成全。

在這個強調「活著就是要追求幸福」的社會，我們會以為每個人都像飛蛾撲火一樣努力朝向幸福趨近，廣告總是宣稱每個人都想要一樣的幸福，現實裡，卻是每個人都撲向不同的火焰。

我甚至覺得有些人似乎有自毀的衝動，選擇旁人一看就難以實現普通幸福的道路，但本人看起來卻是那樣勇敢而堅決，所謂的不幸，透過個人轉化，也變成一種主觀上的滿足。

在自己選擇的對象和婚姻當中，寄託了多少每個人的人生功課，是只有自己知道，可能也不那麼清楚知道的。

對我個人來說，我的學習是重新認識了自己，如果沒有結婚，一定不會知道自己好像嚮往又好像排斥婚姻的真正理由，也可能不會知道，其實有機會改變自己對愛、對婚姻的想法。雖然悲觀的人很難徹底轉變為樂觀，但是把握住一次機會，好像也可以在害怕中

繼續前行。

　　我所認為的婚姻幸福，是在只有兩個人的山洞裡，感覺到真正的自己被另一個人理解和接受，同時間，也感覺自己有能力去接受和相信另一個人。不管那種相互的認可有多少是出於錯覺，對方可能其實並不理解，不過是勉強接受，又或者一切只是偶然交會時互放的光亮，只要一方的心態改變，就沒有辦法長長久久。

　　但我仍然認為那是幸福，就像煙火，有人認為虛幻，也有人認為永恆。

　　如果一切註定會變，就像現在的我，對婚姻的想法也註定會變，至少就在這個當下，現在感受到是幸福的，將來即使會被推翻，我也不想做踐踏自己幸福回憶的人。

　　希望我可以承認自己愛過對方，也相信對方愛過自己，如果一切都會在我不知道的時候，以我無法預期的方式產生變化，曾經擁有的幸福，我希望即使後來失去了，也能相信在擁有的當下就是幸福。

　　變化是一切的本質，不能幻想透過結婚，或者任何一種其他的形式，讓現在的快樂變成永恆不變。但是在每個變化的當下，都有那個瞬間才能實現的，讓自己感到幸福的可能。

　　對我來說婚姻還是有很多反求諸己的事情，雖然乍看之下，是因為對另一個人有所期待才建立這樣緊密的關係。但對方會做些什麼完全不在我的控制，我總是不由自主地有所期待，並學習接受期待所帶來的痛苦。

希望自己是有能力去把握，並且珍惜每一個平凡瞬間的人，在柴米油鹽的婚姻中依然能夠感動，並且感謝對方的陪伴，直到下一個變化的來臨。

批判，
是因為想要
保護自己

保持距離的批判是一種保護自己的方式，不
會傷害到自己也不需要自我檢討，但是在親
密關係中距離一旦拉開，孤獨感就會不由自
主地湧上來，有些時候，雙方就會因為那樣
被渴望聽見的孤獨，希望是對方來理解自
己、包容自己的那份心願，而不自覺地更加
深了彼此批判的力道。

　　批判一個人是簡單的，理解一個人是難的，因為理解需要放下自己原本的想法、放棄和對方保持的距離，讓自己去想像、感受、體會對方的處境。我們時常覺得人是互相理解、互相體諒才決定結婚，畢竟沒有辦法想像跟一個自己不理解的人建立家庭，但是也很弔詭地，無論婚前做到多少程度的理解和體諒，在婚後，變得最容易的反而是批判了。

　　結婚數年，甚至數十年的夫妻都會彼此批判，特別是對於那些跟自己不一樣的地方所做的批判，外向的人可能批評內向的另一半生活封閉，反過來也被對方批評心不在家裡而是「太過愛玩」，捨得花錢的人批評另一半小氣吝嗇，節儉的一方批評另一半花費無度……。婚前我們因為彼此理解，而深信是互補的那些部分，婚後都變成最容易讓人想要批評，覺得影響生活所以令人反感的地方。

　　互補好還是相似好，我想起曾經看過的一個研究，在《為什麼我出門買牛奶，卻買了一輛腳踏車回家》一書中，引用了關於擇偶的研究。研究者讓女生聞被男性穿過，浸透汗水的上衣，發現在沒有任何其他線索的情況下，女生所選擇最有好感的味道，都是那些和她們自身的免疫系統最能互補強化的對象。

　　這表示人的擇偶仍然受到生物本能所影響，本能尋找的是互補、彼此強化，用這個角度去想，或許我們會受到和自己不同性格、不同想法的人所吸引，也是知道自己的處世之道總有偏頗，需要達到某一種新的平衡吧。

　　但困擾的是我們總是很難專注於那些「互補」所帶來的好處，

而不斷去注意互補所代表的差異，這些差異強化了人跟一個和自己不同的人親密相處有多麼痛苦，會有多少的意見衝突，我們總是企圖把對方拉近，而遺忘了當初吸引我們的，就是那些「不同」。

婚後比婚前有更多機會可以理解對方，因為對方也更難隱藏自己的想法和習慣，但這種理解伴隨著必須取得共識的壓力，當對方和我們不一樣，不願意輕易採納我們的做法，或者是回應不如我們的預期時，理解不帶來互相欣賞，而是互相攻擊和批判。

有時候我覺得人會在婚後無意識地避免去理解對方，因為一旦理解，自己就不能置身事外，尤其當對方跟我們距離太近，當兩個人相處出現問題，最輕鬆的方式就是把這些全部歸咎於對方的錯，**而一旦嘗試去理解對方，就會看見自己也有責任**，這種意識會傷害到人的自我感覺。

最自戀的人總是最不願意理解對方的人，在對方發脾氣、情緒不佳的時候，不願意去想是不是自己也說了過分的話，而會強調是對方太敏感或太計較、開不起玩笑或沒有幽默感等等。雖然不是每個事件都是如此，但拒絕理解對方的感受而選擇保持距離的批判，其實也是不願意去理解自己，發覺自己在關係中的「位置」、承認自己在問題中也扮演某種角色的一種心態。

保持距離的批判是一種保護自己的方式，不會傷害到自己也不需要自我檢討，但是在親密關係中距離一旦拉開，孤獨感就會不由自主地湧上來，有些時候，雙方就會因為那樣渴望被聽見的孤獨，希望是對方來理解自己、包容自己的那份心願，而不自覺地更加深

了彼此批判的力道。

所謂的夫妻，就是半斤八兩。

　　有個朋友跟我說，在婚前她就覺得先生很難懂。但聊過之後我發現她的意思不是難懂，而是「懂，但是很令人生氣。」她告訴我先生對於這段婚姻充滿防備心，所以從籌備婚禮開始，就對開銷錙銖必較，對於雙方將來的生活用度，也時時把「如果這樣分配，以後我們離婚了我不就一無所有。」掛在嘴上。

　　婚後兩個人還是時常為了「你怎麼那麼計較」而吵架，向我訴苦之後，我忍不住跟她說，「其實，我覺得你們有一點像……」說這話的時候我還戰戰兢兢，畢竟說話時必須考慮到對方的心情。但就因為她怎麼樣都對丈夫感到生氣，我忍不住說出我的感覺。

　　在共同的開銷上，對方因為多花了一點錢而生氣，朋友也因為對方這麼計較而生氣，拿出上一次花費的單據，說你這次多出的一點，還不如我上次多出的一點。然後對方也提出上上次的事件，抱怨朋友對婆家的贈禮不如娘家，朋友也反擊婆家在自己坐月子時送來的東西不如娘家多，總之每一次吵架都是為了金錢和禮物上的相互往來，雙方都覺得自己和自己的原生家庭是吃虧了。

　　有些金額實在太小，兩個人卻記得非常清楚，這對於數字觀念不夠好的我來說實在是驚人的記性，但也就是因為這樣的彼此批判，

在旁觀者看來，他們兩人有如對方的鏡子，每一項指控其實都可以貼切地應用在雙方身上。

不知道是互相影響還是原本就同類相聚，兩個都是對錢、對未來保障非常在意的人，湊在一起都覺得對方讓自己很沒有安全感，因為對方總是斤斤計較，不能諒解自己想要多留一點錢在身邊的想法。

這樣想來我又覺得批判其實是提供了一個機會，在有批判對方的衝動時，停下來想一想自己是否又能夠做到不被批判，很多時候自己受不了對方的那個缺點，之所以能夠敏銳地辨識出來並且難以忍受，就是因為這項缺點自己也有，才會更希望是對方來包容自己，而不是自己去包容對方。

既然如此，為什麼在這部分不是受到彼此的差異所吸引，一個對錢毫無概念一個則算得一清二楚呢？互補的關係不是更為和諧嗎？可能也未必。只要夫妻習慣以批判的態度看待對方，金錢觀念寬鬆的另一半也可能讓人覺得太揮霍無度了，總之彼此其實是同類的朋友夫妻，這樣的結合不能說是老天開的玩笑，在我看來，是內在無意識地選擇了和自己有相同缺點的對象，以此作為能否改變自己的一種考驗吧。

如果不能辨識出這項考驗的對象其實是自己，能否放下對「每一毛錢都必須平均分攤」，這種對形式上的「公平」的執著，就會一直為對方所展現出來的，和自己一樣的固執而感到痛苦。

批判背後的動機，是想改變對方。

一直指責對方「你真的很莫名其妙」的人，真正的心聲不是抱怨對方難懂，而是對方為什麼不做改變，希望對方放下原本的立場來做出遷就。但是改變另一個人永遠都是困難而且障礙重重的任務，夫妻之間一旦想要改變對方，就會換來「那為什麼不是你改變？」的怒吼，向對方施壓的力道越大，對方的反彈也就越大。

我很喜歡的日本女作家曾野綾子，曾經在《為何而愛》一書裡寫道：「在家庭生活中，比起做批判者，重要的是成為支持者。」她在這裡舉的例子也不是什麼特別偉大的事，而是關於喝酒。

對於喝完酒會在客人面前毫無形象地呼呼大睡的丈夫，妻子身為支持者，態度不是覺得丟臉而不斷數落，而是輕鬆地對客人說道：「這個人，真的是天真爛漫，性情好的人哩。」

雖然看到這裡也會覺得納悶：「喝醉酒不是那麼值得誇讚的事情吧。」但也可以理解為什麼曾野綾子會說「這就是對另一半的支持。」支持並不是針對對方做了什麼了不起的事，而是在各種生活細節上，對對方的缺陷不以為意，用輕鬆，甚至是正面肯定的態度加以包容。

比較起來，好像這種支持比支持對方去做偉大的事業還更加困難，果然最折磨人的不是什麼大不了的事情，而是日常生活中人際之間，因為各種雞毛蒜皮瑣事而產生的衝突。

這樣算不算是對先生的「盲目支持」呢？但是生活中各種類似

這樣的事情，又有什麼是非常嚴重、不糾正不改變不行的錯誤呢？覺得丈夫的酒品非改不可的妻子，就跟覺得妻子的碎嘴非改不可的丈夫一樣，雖然要求對方改進這些影響生活品質的事情無可厚非，但是窮追猛打，因為對方無法改變而不斷加重批判力道，也只會讓兩個人的感情存摺越來越薄。

如果能夠睜一隻眼閉一隻眼，相信對方「雖然某些事情如何如何，卻不是一個壞人。」這種信任雖然毫無根據，但**很多時候就是盲目的信任，才有資格被稱之為愛。**

太過聰明或者凡事都想追求完美，覺得很多事情都表示對方不夠好，而自己有指出這項缺點並要求改進的義務。這種態度其實是不信任對方，也不欣賞對方，並沒有辦法帶來任何改變，只是一直在向對方傳達意在言外的訊息：我討厭這樣的你。

這樣一來，對方當然也會回報以同樣冷漠的批判，告訴你你也有很多缺點，所以他的心情也和你一樣。

雖然不是盲目地愛著和信任對方，無條件地支持對方，就能得到對方的回應，但如果自己不付出，就更不用奢望對方會給予。雖然總有人會覺得，只要是錯的事情，指責對方並沒有什麼不對，但是指證錯誤這種事情誰都能做，婚姻之所以是一種獨特的關係，應該還是要建立在彼此的善意和包容上吧。

理性，是知道何時該對對方溫柔。

兩個人想要的是一樣的事情，想要被對方理解、包容、欣賞，也想要在遇到事情時，不那麼費力地溝通而是完全採納自己的意見，但沒有人想要給對方這樣的優待而是不斷向對方索取，於是兩個人就像拉著一條繩子在拔河，比的是力道當然不可能輕鬆。

在關係中渴望被對方呵護的一方，就更抗拒去呵護對方，很多「到底誰有理」的爭執都註定各執一詞，因為重點不是誰有理，而是指責對方「為什麼不聽從我」，而那份不被認同的感受，觸痛了人的自我感覺。

有時候我覺得伴侶相處很重要的是溫柔，這種溫柔指的不是態度上、行為舉止上特意照顧到小細節的那種溫柔，雖然那種溫柔也很重要，而是一種心態，因為知道對方也有他自己的執著，因此願意暫時放下自己的那份心意。

而這種溫柔其實需要內在某種程度的堅強，因為有能力包容他人，所以能做到不堅持自己才是對的、不強調只有自己有理，而是願意嘗試去理解對方的堅持，甚至是去想，或許在對方的堅持背後，是各種害怕受傷的脆弱。

我看過指責伴侶力道最強的人，是我認為我所認識的人當中，內在最脆弱的人，因為在成長過程中某一部分的愛從未獲得滿足，於是無論對方怎麼順從他、照顧他，換言之就是接受控制，他的內心始終覺得不夠，總是想要指責對方。

　　表面上看起來是自我感覺良好，因為太過良好而不能忍受任何批評，於是時常批評他人才能顯示自己是比較好的。即使年歲增長，那種彷彿在跟一個看不見的父母爭取，想要證明「我才是比較好的」以換取被愛的態度，一旦理解了就無法單純地覺得討厭，而是覺得可憐甚至替他感到難過。

　　這種人其實會不斷創造自己孤獨的困境，因為他往往對他人最不能寬容，所以特別會批判伴侶、拒絕理解對方，讓對方也被激怒、被刺傷，產生了「那我也不要體諒你」的心情。

　　沒有人願意向對方靠攏，婚姻就變成一個牢籠裡關著兩隻受傷的動物，對彼此咆哮，只在轉過身去時默默地舔舐傷口。

　　做一個溫柔的人其實需要十足的理性，理性到可以暫時放下自己的感受去理解別人，而且這種理性又需要一個人的內在真正的強大，因為走向對方不只是需要勇氣，也要覺悟到可能一切的努力都會徒勞無功。

　　我們無法幫助一個不理解自己的人理解自己，特別是用批判的方式，但溫柔的擁抱對方內心的脆弱，又需要自己在某種程度上已經足夠堅強。

　　我所看過這種既溫柔又堅強的人，多半不是在沒有受過任何傷害的情況下長大，生長在無風無雨的家庭裡的人，有時會發展出一種保持距離的冷漠，因為他們沒有受傷的經驗，無意中說出的話，對受傷的人來說，有時是另一種殘酷。

　　這樣想來一個強大到足以療癒另一半的伴侶實在太過難得，他

必須是自己曾經受過傷並且努力復原，在缺愛的情況下學習愛人愛己，只有這樣才能夠不讓自己內在的傷變成刺傷他人的利刃，卻又能理解別人內心深處的傷痕。那些對伴侶的批判力道最強的人，都是害怕受傷所以先下手為強的人。

人生中有多少機會找到一個理性又溫柔的人，怎麼想都太難太難，也沒有任何受過傷的人就一定懂得照顧傷者的保證，我總覺得比較能夠把握的還是只有自己，提醒自己在批判之前嘗試先理解對方，包容對方，如果覺得確實是需要溝通協調的事情，要採取不帶攻擊性的溝通方式。

親密關係中的理性並不是功利計算，不是思考怎麼做能付出最少而獲得最多，而是體認到想要獲得總是需要先付出，想要被對方理解，就要做一個有能力先放下自己、理解對方的人。

所以這種理性並不是一般人常說的，那種彷彿不帶感情、衡量怎麼做才能對自己最為有利的理性，而是能夠放下自身利益的判準，對人世間的事情，追求「合理性」的一種態度。

要求對方做到沒有缺點，這是不合理的。對事情的看法或做法都要以自己的判斷為唯一正確，這也是不合理的。批判總是預設了身為批判者的自己是對的，而被批判者則犯了錯，這種審判和懲罰的概念不斷被帶進親密關係，夫妻之間的感情會受到破壞也是很自然的。

談婚姻，
怎麼可能
不談性生活？

夫妻之間真正的危機，不是表面上性生活的
有無，而是面對最親密的人，卻無法坦承自
己想要什麼和不想要什麼。無法說出自己感
受的人，內心也無法誠實面對，最終因為從
來不做溝通而加深誤解，引起更多的受傷和
失落。

　　進入婚姻之後，我才明白為什麼人們總說「夫妻床頭吵，床尾和」，夫妻吵架又和好的地方為什麼是床而不是餐桌，總覺得當中有隱約的暗示，性生活是夫妻之間最容易吵架的理由，卻是最方便和好的契機。

　　只是說是這樣說，在現實生活中，要床頭吵床尾和真的太難了。我們很難在相處有摩擦的時候還能被對方勾引性趣，或許男人可以但女人似乎不行，據說有些男人把這當作吵架後求和的手段，似乎想透過身體，確保自己依然被對方所接受，但是在吵架後情緒還沒有處理好的時候，女性被對方這樣要求總是會覺得不可思議，可能也是一種觀念上的差異吧。

　　身為一個有任何問題都在書裡找答案的女人，我好幾次對書店裡琳瑯滿目關於兩性相處的書，感到不知道向誰訴說的困惑。

　　為什麼這些談兩性關係的書，都把焦點放在相處的細節，非常抽象的感情和自尊問題，對於在婚姻中扮演重要角色的性生活，往往只有非常少的段落，內容還可以一言以蔽之：要體諒男人比女人旺盛的性欲？

　　篇幅少，我猜測一部分理由是因為作者多半是女性，要女性去談性生活就像暴露她們自己的性生活，而這部分對女人來說，總是最想保護的隱私之一。

　　但是這也會讓人有種誤解，好像只要感情好，因為感情好而願意互相體諒，性生活自然就會好。

　　我們只要努力經營感情，性的問題就會迎刃而解嗎？真正遭遇

性生活不協調、需求不一致的雙方，能用愛包容多少身體上的痛苦？

　　或者更正確地說，不是多少，而是多久，性生活不協調、不被滿足的雙方，能夠維持這種關係而依然相愛多久？

　　就算婚姻可以在沒有性愛的情況下依然持續，不想那樣過一輩子的人，還是必須重視性對婚姻的影響。

　　我在婚後因為懷孕生產和餵母奶，很長一段時間毫無性欲，才發現這件事情從來不像那些兩性專家說的那麼簡單，互相體諒只是四個字，現實中，體諒是一種能力，而且不屬於覺得自己並沒有被對方體諒的人。

　　舉例來說，在哺乳期間被碰到胸部會覺得不適、甚至會刺痛，晚上又因為餵奶而起床好多次睡眠嚴重不足，這時候被對方要求「體諒男人有性的需求」，就會覺得那為什麼不是你體諒「全人類都有睡覺的需求」吧。

　　到底誰應該被體諒的比較多，讓性變成容易引發衝突的導火線，我覺得單方面宣傳「女性（尤其是媽媽）要體諒男人有性需求」的說法無法解決問題，那些「不滿足老公妳就後果自負」的網友言論，越是強調「這只是就事論事」，就越像是對女性的壓迫。

性很特別，卻也沒那麼特別。

　　在親密關係裡，體諒必須是互相的，如果其中一方提出要求的

態度無異於恐嚇勒索，那麼即使短暫地獲得滿足，也會在受迫的一方心裡留下傷痕。

兩個人想要的東西不會總是一致，也不是只有需求一致的夫妻才能感到幸福，用吃飯來比喻雖然有點不倫不類，但我確實認為，性需求不一致的問題，有時候可以很嚴重，有時候卻也可以想成，「在什麼情況下，自己明明不餓，還會願意陪對方吃飯」那樣大題小作。

但那還是會牽涉到每個人性觀念的差異，對女人來說，還有性道德的束縛。傳統上對女人應該純潔，應該性欲較淡薄的觀念，讓女人不管是在婚前或婚後，都沒辦法把性看得像吃飯睡覺那麼簡單，而這種壓力不只是讓女人束縛自己，對於不理解女人有此壓力的男人來說，也是溝通上無形的障礙。

「女人就是先愛後性」，
第一個這麼說的應該是男人

乍聽之下，對性態度較保守、認同性生活只能在婚姻中發生的女人，在原本就是以「限制女性的性」為基礎建立起來的婚姻制度下，應該是適得其所。

雖然婚姻制度也規範了男人的性，但是從男人外遇時常被原諒、被當成「全天下男人都會犯的錯」的現象看來，**當大家都認為，婚**

外性行為的誘惑是所有男人都無法克服的，那罪行也就不構成罪行，不過是本能的呼喚。

　　但女人卻被認為是社會需求高於性需求的，意思是，比起受性欲牽引，女人被認為更渴望受到社會接納，當社會對於「好女人」做出的假設是「先愛而後性」，性對女人來說，就有了「沒有愛就不應該存在」的前提。

　　對選擇結婚的對象通常有愛所以可以有性，所以好像不是問題，但問題會發生在當「愛與被愛的感覺」來來去去，被柴米油鹽和奶瓶尿布的生活所掩飾甚至是推翻，即使是夫妻，性的正當性也還是變得虛無縹緲了。

　　獨自面對育兒生活的辛勞與困難，已經讓女人感到「不確定自己是否被愛」，身為母親又有把全部的愛情投注到孩子身上的傾向，這時丈夫向妻子提出性的需求，就會喚起她從小到大，被整個社會深植在腦海中的性羞恥感。

　　那種感覺雖然沒有明確的名詞解釋，簡單來說就是對性感到羞恥，一個「好女孩」似乎不應該有旺盛的性欲、不應該「為性而愛」，男人對陌生女子感到性興奮被認為正常，而女人若是被沒有感情的對象喚起性欲，會被認為「她應該要為自己感到羞恥」。

　　這種觀念把性跟愛強力地綁在一起，並且堅決認定，女人的性必須以愛為先決條件，女人的性需求不被認為是本能，反而是沒有需求或需求很低，會被認為是天性。

　　這是真實的嗎？女人真的不會像男人那樣對陌生人產生欲望，

被欲望控制而不由自主嗎？有時我對此有些懷疑。覺得第一個提出女人先愛後性的人一定是男人，這是不是事實不重要，重要的是當社會大眾都這麼認為，並且也這樣教育女孩和女人，女人就會真的變成有愛才能有性的動物，讓社會壓力進入她的大腦，不斷在女人感受到自己的身體時，就無意識地自我壓抑。

這麼做的好處對男人顯而易見，一方面自己的欲望被認可，另一方面又可以控制、管束女人的欲望，不斷對她們說：只有對自己所愛的人有欲望才是對的。毫不費力就可以讓女人約束自己。

但這麼做的反效果呢？我在猜，就是讓女人在懷孕生產，或者沒有孩子，不過是步入婚姻之後，性生活就逐漸變得冷淡，甚至對此感到反感的原因。

因為性變成以愛為前提的活動，只要男人懶散於經營愛的感覺，就會讓女人覺得兩個人的性並不應該，如果說身體構造上女人又特別需要前戲的喚醒（這部分可能因人而異），那麼日常生活中感受不到愛，喚醒性欲的動作就更顯得多餘。

變成義務，就會喚起壓力和恐懼。

我曾經不只一次想過，被提出性的要求，跟反過來，要求對方陪自己看他一點興趣也無的韓劇究竟有何差異，雖然很想要說服自己這可以簡單地對價交換，仔細分析自己的想法和感受，卻還是發

現這當中，有性別不平等運作的細微痕跡。

不願意滿足對方的性，就算對方不這麼說，自己內心都會感到「可能因此釀成大禍」的緊張。那些「男人需要性是天經地義」、「結了婚就有義務提供滿足」的說法和暗示，會讓女性在對方提出要求的時候，感受到「好像別無選擇」的壓力。

舉個例來說吧，曾經有一位藝人被抓包外遇，認識他的人紛紛跳出來發表感想，其中就有一個形象頗為知性的女明星說：「男人會外遇，就是因為在家沒有『吃飽』。」

這種說法暗示女人必須要為男人的外遇負責，因為是自己沒有盡到把男人餵飽的責任，讓人難以相信是出自於強調兩性平等的女性之口，但從這樣的發言也可以看出，身為女性，無論有多少兩性平權、身體自主的意識，內心深處對於婚後的性生活，優先考慮的還是男性的滿足。

那種想法也會影響到性的樂趣，讓性從身體的互動，變成單純為對方付出的勞務。而且進一步探究其內在動機，可能不是「我愛故我性」，而是出於擔心，害怕對方如果欲求不滿，就會以此為藉口外遇或離開自己。

簡單來說，因為性生活被視為已婚者的義務，並且男性的性需求，被認為「天生」就高於一夫一妻制所能滿足的程度，這些想法和暗示，很難不引起已婚女性對性的深層恐懼。

在自覺不被愛的時候，還必須配合對方從事性行為，會覺得委屈，但是如果不配合，又會害怕後續有什麼結果，而不敢要求對方

配合自己，降低對性的需求。

性生活就是因此變得複雜，沒辦法單純地看成是陪對方吃飯打球或看電影。

然而反過來說，如果是女性要求另一半陪看沒興趣的電視劇，相信很少人會產生「如果不陪老婆看，可能會大事不妙」的那種感覺吧。

婚姻本來就跟愛情不一樣，即使不經營戀愛的感覺，也能夠安穩地持續下去……男人心裡這樣想，可能認為老婆應該也是這樣想的，但我卻覺得，身為男人如果不希望在婚後，性生活越來越冷淡甚至是無性，就必須要意識到，即使**婚姻並沒有那麼脆弱，有沒有相愛的感覺，不會直接地動搖婚姻的基礎，卻很難不影響到女人的性**。

失去這種感覺時被對方要求性愛，會讓女人覺得自己只是「洩慾的工具」，在匿名的網路討論區上有許多讓人印象深刻的故事，像是夫妻因為太太半夜要照顧孩子而分房，但是丈夫有需求的時候，就會過來要求妻子過去。結束後丈夫呼呼大睡，太太撐著疲憊的身體，又再回去獨自照顧孩子。

這種似乎是身為女性就要不斷地照顧家人的各種需求，不停地付出、付出、再付出，只是對象從孩子、老公、然後又是孩子的反覆循環，聽起來很難讓人對婚姻還有憧憬，卻是很多人的婚姻現狀。

因為懷孕生產、或者是哺餵母乳導致的性欲降低，還有因為工作和家庭蠟燭兩頭燒，有時間只想放空或睡覺的職業婦女，會被先

生抱怨都「不顧他」，最後以妻子勉為其難配合，或者堅定拒絕，兩人不歡而散來作結。

就像孩子一樣，婚後性生活也是一面照妖鏡，可以測試兩個人究竟有多少誠意彼此溝通，努力共同解決問題。

在性生活不協調的時候，有些人願意嘗試理解妻子的不願，也能夠不卑不亢，用平等的方式討論如何能夠找回相愛的感覺。

但是也有些人無法接受拒絕或推拖，認為那就是對方不夠愛自己，把性生活應該要有能夠滿足自己的規律視為婚姻義務，要脅、甚至是恐嚇對方「要去外面找」或者離婚。

有時候我覺得這也是兩個人對愛與自尊的解釋並不一致的結果。

男人會因為自己對妻子有性欲而認為「這表示我愛對方」，反過來說，覺得對方對自己毫無性欲就是「不愛」，或者是自己無法讓對方產生渴望，所以傷害到男性尊嚴。

因為自尊受傷，而拒絕放下身段去理解對方的感受，而是用憤怒或不滿加以反擊。

但女人可能剛好相反，被需求和被愛是兩件事，有句話說「當媽媽的女人都覺得會主動洗衣打掃的男人最性感」，就是因為對方分攤家務、讓自己不要那麼累的行為，能讓女人感覺到被對方體貼。

感覺到自己被愛著的時候，被要求付出就不會那麼令人反感，不過是互相的配合，就算兩個人想要的頻率無法一致，能夠對開口談性不感到羞恥，自然地討論「那該怎麼辦」的夫妻，也比較能夠

協調出雙方都能接受的方式。

讓人有壓力，也是因為
人們對性的聯想太多了。

　　雖然也有夫妻是女方的性需求高於男性，對對方完全不願意配合感到痛苦，但無論是誰想要而誰不想要，**性的問題最困難的，是無論被拒絕或被要求，都會喚起內心深處，對性「應該要如何」的各種想法，而造成一系列無法就事論事的痛苦。**

　　──不想吃飯，但因為對方而一起去吃了。

　　──是不想看的電影，但拗不過對方就陪他／她去了。

　　我們不會因為陪對方吃自己不想吃的東西、從事自己不喜歡的活動而感到太過委屈，反過來說，也不會因為在這種事情上被拒絕，必須自己吃飯看電影而強烈地感到傷心，我們會覺得對方就是有他的喜好、當下的心情，自己處理這樣的需求沒什麼大不了的。

　　但是性不一樣，性的要求，會讓人有許多的聯想。

　　懷孕時完全沒有關心過自己的老公，只關心生產後要過多久才能「開機」，很自然地，會讓老婆懷疑他對自己究竟還有沒有愛，還是只是滿足欲望的工具。

　　若是自己有性的需求卻被對方拒絕，也會給人彷彿全身心都被拒絕的羞辱，最常見的是，被拒絕的女人會懷疑自己的身體有哪裡

不對,是不是不夠性感或不再年輕,而被拒絕的男人則懷疑老婆心有所屬,或是抱怨老婆只愛孩子而不愛自己。

很多想法都犯了過度聯想的錯誤,是把自己對性的觀念和感受套在對方身上,以此來解釋對方的行為。然而因為我們的家庭、學校、社會,整體文化環境都有著對性閉口不談,一談,就把性極端特殊化的傾向,所以我們會被性勾起這麼多複雜的感受和聯想,而且當中有許多都偏於負面,其實也是很自然的。

要能擺脫這麼多刻板印象和成見,對性重新採取一種自然而坦率的態度,對誰來說都不容易。但是當兩人的性生活發生問題,又無法坦誠溝通,問題也就更無法解決了。

平常不體貼的人,突然變浪漫是沒用的。

談論婚後性生活的文章,多半走兩個解決方案,一是一再強調「氣氛」對性愛品質的重要性,所以建議夫妻可以用各種花招、營造浪漫來找回熱情。

但這種建議在我看來,很難不讓已婚者感到悲觀。因為只要結了婚的人就知道,要在忙碌生活中「炒熱氣氛」是多麼難的一件事情。

夫妻能否時不時來個小約會、燭光晚餐,取決於經濟條件這項血淋淋的事實。一般工作時間長、回到家要料理家務、照顧家人,

還要盯小孩功課的夫妻，連睡覺時間都不夠了，怎麼可能還沒事就來個溫泉小旅行，或者為彼此做精油按摩。

也有先生在網路討論區抱怨，說自己盡力討好老婆，帶她吃大餐、送禮物、上摩鐵，一切按照浪漫約會的標準流程在走，老婆卻在被要求那件事時大發雷霆。

我在看到這個討論時心想，這就是相信氣氛是關鍵的最大謬誤，兩個人在平常若是沒有愛的感覺，即使當天的行程再浪漫，也會讓人產生「一切都是為了性」的負面聯想。

先生或許覺得這些討好都是基於愛，也希望太太用性愛回應自己，卻不知道愛的感覺對已婚有孩子的女性來說，取決於忙碌日常中，究竟能否感受到先生的體貼。

短暫或一次性的特殊待遇，如果讓人覺得是「為性而來」，就會被劃分到「居心不良」的區塊，當然，換個角度思考先生的立場，一直以來不知道問題出在哪裡，又因為女性對性的態度往往也是閉口不談，完全沒有得到「了解對方真實需求」的機會，心裡的委屈也不難理解。

而除了氣氛營造這種治標不治本、還可能讓問題惡化的策略以外，常見的是兩種針對不同性別所提出的心理建議。

對於男性，會建議「結了婚就要接受現實」、「兩性的需求程度原本就不同」、「每一段婚姻都註定走向無性」。但毫無疑問這種說法顯得太過消極，研究都顯示出老年人依然保有性生活有益健康，也有助於維繫夫妻感情，還不那麼老的年輕人或者是中年夫妻，

如果採信這個說法，多少是有點太早放棄。

而對於女性的建議就像先前所提及的，強調女性要體諒男性的性需求。

我曾經看過一本女性心理諮詢師的著作，在談如何維持美好的親密關係，整本書大部分內容我都可以認同，唯獨在討論性愛的章節，作者強調要用付出「母愛」的心情看待性事，讓我大感錯愕。

或許作者的意思是，強調這份付出要有如母愛般無私和包容的成分，但一方面，人很難在質疑對方的愛的同時，還對對方非常的無私和包容。另一方面，我覺得我們根本就不應該跟和共享性生活的伴侶建立「充滿母愛」的關係。

母愛是一種跟身體欲望、激情無關的情感，雖然我跟很多媽媽一樣，偶爾也開玩笑說自己的伴侶是「家中長子」，但是如果認真地把對方視為自己付出母愛的對象，我想嚴重的性冷感應該是無法避免。

但是從這樣的建議也可以看出，比起教導女人如何開發或喚起自己的欲望，營造氣氛和對方輕鬆談性，建立平等互惠的情感交流……更常見的策略還是教導女性接受各種迷思，用轉念的方式來「體諒」男人，這是對女人的壓抑和矮化了。

婚後會變得如何，
本來就是婚前無法知道的事。

　　在婚前我也跟其他人一樣，從來沒想過性會是個問題，婚後性生活冷淡或性需求不一致聽起來都像別人才會發生的事，後來我才逐漸明白，那些「婚前你就應該要知道」，強調在婚前就應該確保雙方對性生活有共識，好像這樣就能確保婚後不會為性爭吵的說法，其實是嚴重忽略了婚後跟婚前，本來就是不同情境而不能一概而論的事實。

　　人們在婚前可以把性看做是約會的一部分，無論被拒絕或被要求都相對單純，然而**在婚後，性就多了很多責任和義務的壓力，少了愛情的感覺，很容易引起關係中的緊張衝突**（有時候是以非常隱晦的方式）。

　　在婚姻中我們依然會不好意思談論自己的需求，或者是沒有需求，無論男女，關於性的部分，都會希望即使自己不說，對方也能夠明白。

　　雖然疲憊還是默默地滿足丈夫，內心其實覺得委屈的太太，可能仍在期盼丈夫有一天會自己發現狀況不對。然而丈夫可能正滿足於兩個人依然頻繁的性生活，根本無從想像太太的心情。

　　不明說，對方也能夠明白。這種想法是註定不可能實現的願望，只會導致一方拼命地壓抑，直到爆發時，可能還因為是另外找事情爆發，而讓對方摸不著頭緒。

　　我們想像的理想夫妻是一切都可以盡在不言中，隨著時間累積默契，而不是忍耐已久的憤怒和傷心。尤其是對於性，不管是必須要提出要求的一方，或者是必須要找理由拒絕的一方，對於這種對

方不了解自己、逼得自己什麼都要說出來的狀態，很容易感到難堪。

然而一件事情只要不溝通就會被複雜化，一旦用性的接受和拒絕來傳遞太多訊息，又加上太多自己的解讀，無法坦誠相對的雙方，最後就會因為不被對方理解，感到失望和痛苦。

如果可以，拒絕的那一方，可以在拒絕時提出解釋，用親密的身體距離、沒有性暗示但能表達善意的舉動，降低拒絕所造成的傷害。提出要求的那一方，必須確實把對方的狀態考慮進去，並且給予對方沒有壓力的選擇權。

乍聽之下，這似乎是有點太過理想化了，有一種傾向是結婚越久的夫妻，越覺得沒有必要對彼此溫柔和小心翼翼。但是性在婚姻中是一個非常敏感的議題，我們確實應該學習用更好的方式溝通，否則，它就會變成婚姻中的一個地雷區。

無法向對方說出自己的感受，也無法誠實面對自己。

夫妻之間缺乏身體的交流，並不表示這段婚姻就一定會破滅或者彼此傷害。然而它確實可能是一個警訊，顯示出在這段婚姻中，雙方有溝通不良的問題。

性生活的頻率和方式，必須是彼此都能接受的共識。夫妻之間真正的危機，不是表面上性生活的有無，而是面對最親密的人，卻

無法坦承自己想要什麼和不想要什麼。無法說出自己感受的人，內心也無法誠實面對，最終因為從來不做溝通而加深誤解，引起更多的受傷和失落。

有太多的觀念上的障礙、無法放下的成見、或是對對方的不信任，在阻礙夫妻之間輕鬆談性。當雙方都不願意坦承「自己想要什麼」，就很容易因為自己得不到，而以「不讓對方得到」作為報復。

很多女性其實想要對方的體貼、希望生活中有被愛的感覺，這些心願不想說出來，因為覺得只要一說，就會被提醒這段關係中的匱乏。

──這種事情還需要說嗎？

──我忙到快昏頭了，還看不出來嗎？

──裝不知道，是因為根本就不體貼吧。

對習慣擔負起關係中的情緒勞動，因此對別人的狀態相對敏感的女人來說，在自己忙得焦頭爛額時，還能夠像什麼都沒看見，自顧自看電視滑手機的男人實在是不可思議。

不被體貼的時候為什麼還要體貼對方？拒絕滿足對方的性需求，不斷地強調「我很累」，其實也是一種非常迂迴的暗示。

不一定是因為很累所以要對方自己解決，也有「你必須先解決我很累的問題」的含意，但是根本沒有想過太太很累跟自己有什麼關係的男人，可能就覺得太太找理由推拖，根本是不夠愛自己，或者是所有的愛都被孩子占據。

再一次地，性顯示出跟其他事情沒什麼不同的一面，只要雙方

都不能坦率說出自己真實的想法，達成共識很難，形成誤會卻非常容易。

看著網路上的討論我心裡想，與其上網詢問「你們的另一半也會這樣嗎」還不如回到自己的關係中解決問題。看到許多人上網表達自己在性生活中受傷的感受，就覺得關於性，我們似乎跟陌生人還更能夠說出心裡話。

但是跟陌生人訴苦或者得到理解又有什麼意義呢？知道在這個世界上有其他人和自己有一樣的感受，一樣的需求，又能解決什麼問題呢？最困難的永遠是回過頭去，面對真正處於關係當中的人，也要做到如此不卑不亢，能夠坦承自己脆弱和無助的心情。

很多對兩性天生構造不同的強調，都好像在說這種需求不一致，是永遠無法解決而只能忍受的問題。但是只要多想一下就會知道，人與人之間，想法和感受永遠都不一樣，需求不一致的，又何止是性。

在親密關係中兩個人要能好好相處，從來就不需要對每件事情都有同樣的感受和同樣程度的需求，能不能讓兩個人都覺得獲得一定程度的平衡，關鍵永遠都是溝通的努力和誠意。

因此，表面上看起來，性生活不協調確實有可能造成婚姻的破裂，但很多時候不全是因為如此，是因為婚姻中的兩人，沒有發展出共同解決問題、坦誠溝通的互動模式。性不過是在原本就溝通不良的婚姻關係中，扮演壓死駱駝的最後一根稻草而已。

外遇是一方的冒險，
另一方的天災

有些男人沒有辦法進行精神上的探索，於是把自己對
生命無常的恐懼、對冒險的渴望，寄託於性和激情。
有些也知道自己傷害了別人，在生命的盡頭做出懺
悔。某方面來說那種懺悔是毫無誠意的，但或許對受
了傷，又註定要獨自舔舐傷口的女人來說，男人對自
己的歉意和悔過，還是多少表示了自己傷痕的價值。

　　一個很好的朋友外遇了，以向妻子下跪道歉告終，事隔沒有多久就看到他們在臉書上繼續放閃，因為對朋友個性的了解，知道他說的話並沒有作假，外遇前後他始終如一地認為，妻子是全世界最好的女人。

　　他們的經濟條件也很好，孩子也可愛，總之，就是在他對這段婚姻沒有任何不滿而且對妻子只有感激的時候，跟一個年輕女孩外遇，事情被共同的朋友揭穿，一切就像安排好的那樣，簡單的開始，又異常簡單的結束。

　　可能內在要修復這樣的傷痕並不簡單，外在看起來卻是極端的簡單，一直被我們笑「對老公也太崇拜」的朋友的太太，依然在臉書上讚美老公，表達對十年婚姻的滿意和幸福。

　　知道了這件事情後我就在想，對婚姻生活沒有任何不滿的男人，就某方面來講沒有任何外遇的藉口，但就是這種完美也是一種讓他想要出軌的理由，因為太完美了，感情、事業，一切都沒有任何壓力，在日復一日的工作、放假旅遊、平穩的家庭生活中，滿足不了他想要冒險的渴望。

　　只是一種衝動，讓生活像火車出軌那樣徹底翻覆，走在鋼索上隨時可能摔落，從小到大沒有真正吃過苦，事業、感情，一路都非常順利沒有受過挑戰的他，心裡懷抱著「自己真的值得嗎」的不安，別人對他「一路順遂」的描述，反而讓他有想要摧毀這一切重新再來的衝動。

　　他並不是那種對自己太過自信所以遊戲人間的人，不是陶醉於

女人對他的崇拜而習慣性的外遇，但是他也承認妻子的原諒好像證明了他的好運無堅不催，在被發現時很害怕，擔心這會讓他的人生從雲端上跌落，而在發現「原來沒什麼好怕」，妻子對他的愛似乎真的可以包容一切的時候，感到安心，心底卻又有隱約的失落。

身為女性我不知道自己該怎麼想才好，對於男人這好像可以理解，又好像無法理解的各種外遇的故事。

妻子打壓丈夫的尊嚴、性生活不合、貧賤夫妻百事哀⋯⋯各種的「不幸」會讓人想要外遇，想要尋求不那麼困難的滿足，但反過來說萬事俱足的幸福也會喚醒這些男人外遇的衝動，好像他們只是想要創造問題，好讓自己不在安逸的生活中感到無聊，還有變得最讓他們難以忍受的平凡。

不想平凡可能是這種外遇的真正理由，擁有一個在各方面都不受挑戰的生活，看不到未來的危機，這種生活可能讓對人生有著幻想的男人嫌棄是太過平凡，於是創造危機，感受自己的人生故事不是就這樣而已，而是依然有可能大起大落。

因為無法想像壯遊、創業，或舉家遷移那樣的宏大計畫，於是外遇，被我們不留情面地嘲笑「你就是太無聊了」的朋友只是苦笑，然後嘆息。

很有可能這種事情會一再發生，因為一點都不危險，變成乏味生活中隨處可嚐的甜頭，也有可能從此不會再有第二次，因為當妻子證明了對他的愛確實無比包容，這種挑戰就失去了樂趣。

他想要的不是外遇本身，是在沒有勇氣真正冒險的人生中，做

一次類似的賭博，就算全盤皆輸被眾人說成傻瓜或神經病，在想像中，也會有一種浪漫的錯覺。

可以理解卻沒有辦法同情，但也不知道是否該同情他的妻子，談感情、走入婚姻，經過這段時間我逐漸產生新的想法，能夠一再包容回頭的丈夫，有些人是出於不得已，但也有些人，可能也是某種程度的自我滿足。

男人在外面很受歡迎，這好像也肯定了自己對他的追求。**當每個人說出自己想要的幸福時，乍聽之下都差不多，然而順從各人的潛意識，卻用各種不同的方式加以實踐。**

寬容而不苦情的元配是一種，癡癡苦戀的小三也是一種，表面上吃的開，實際上跳不出元配手掌心的丈夫也是一種，我有時候想我們只能盡可能對伴侶誠實，但是在少了現實的考驗和誘惑之前，這種誠實，也可能包含了許多說了也未必能夠做到的承諾。

我曾經想過把自己做到最好，在各方面，讓對方沒有外遇的理由，即使外遇也會很快後悔，知道自己傷了最好的人的心。但就在看了朋友的故事之後，開始覺得那種想法也毫無意義，朋友的妻子人非常的好，內外在條件俱足，她對朋友的溫柔與包容遠超過他的父母，但那跟他是否會外遇是完全無關的事情。

外遇是一種想要冒險的衝動，雖然對他來說，其實也是無謂的冒險，因為就算沒有任何根據，他也知道妻子一定會原諒自己，就像小孩在父母的監視底下玩，可以相信在情況變得不可控制之前，父母一定會前來阻止。

只是妻子畢竟不是父母吧。丈夫外遇對妻子造成的傷害，不像表面上看起來那麼簡單的。

看起來很簡單就和好了，實際上是如何呢？要再多問就是八卦，再多想像，就為朋友的妻子感到不捨了。

外遇不只是追求冒險，也為了逃避恐懼。

菲利普·羅斯在小說《凡人》當中，寫一個步入老年的男人回顧他的一生，事業有成、兩段婚姻、三個被他傷害的女人、兩個不願意原諒他的兒子和一個善良寬容的女兒。最後這女兒就像一個象徵，是他唯一可以求取原諒和依恃的對象。

我驚訝於這本討論衰老和死亡的作品，一直在探問生命意義、平鋪直敘地訴說老年生活多麼令人失去嚮往的男主角，同時間也是一直在想、在回顧、緬懷那些讓他傷害妻子和其他女人的性與激情。

在住進銀髮公寓之後他還是去向年輕的女孩搭訕，理由就是「她很性感」，在被喚起欲望時彷彿生命的意義和活力重返了他的身體，在被拒絕後他被迫面對自己垂垂老矣、逼近死亡的事實。

似乎一直要到他的身體再也不由自主時，他的性冒險才會告終，但在那個時候他對生命的熱情也瞬間冷卻，而也只有在無法享受人生的這個時候，他才會想要用對女兒及外孫的照顧和付出，作為在這世上與他人唯一的聯繫。

　　男人好像跟女人困在不同的事物裡，**女人受困於父權文化鋪天蓋地的牢籠，男人則受困於他的身體，他的欲望，想要冒險而迴避安穩的衝動**，他被那些事物控制，即使因此摧毀一切，對孤獨死亡感到恐怖，他也能說自己不虛此生。

　　我在思考這究竟是生物天性抑或後天的形塑，雖然人們總說那是天性，但人類並不是只有本能的動物，人是有社會性的，意思是，社會文化的塑造，會一直改變人類行為的傾向和不同性別的特質。

　　我總是想如果這個社會是一視同仁地對待男人和女人，外遇、性冒險、用身體來滿足自己……如果這一切行為的代價對男人和對女人來說是一樣的，女人會不會就被喚醒這種冒險的天性？

　　女人渴望安全，會不會是因為災禍總是被男人帶來，而被迫扮演了某種在風雨中屹立不搖的角色，不管是在丈夫拋家棄子時保護孩子，還是在丈夫浪子回頭時加以原諒？

　　如果男人的生活，特別指的是婚後，也像女人一樣，隨時可能被指控「因為妳做的不夠好」或者「因為妳做的太好了」而導致伴侶的外遇，也有這種某方面來說自己束手無策，只能被動眼見它發生的災禍，那麼男人會不會就此學到保持謹慎，因為即使你萬分謹慎，天災還是會隨時降臨？

　　我曾經在談話性節目上看過主持人和來賓討論外遇，這個主題幾乎每一個月都會有新的公眾人物可供討論，妻子個性木訥無趣可能是理由、個性活潑大方被說「太愛玩」也是理由，缺錢壓力大是理由，錢太多無處花也是理由，在眾多追究妻子到底做錯了什麼，

好像男人在自己的外遇上徹底是一個「無行為能力者」的討論中，女性來賓嘆了口氣說：「對女人來說，那就像天災一樣。」

女人都想知道做什麼可以防堵另一半外遇，但外遇就像天災，有可能做什麼都一樣，男人並不是無行為能力也不是無判斷力，他的身體和言行他可以控制，只不過是不想控制，而這個社會又總是對他很寬容，連帶地也對他的妻子施壓，要求、甚至是迫使她對他寬容。

如果男人身上也有這麼多莫名其妙的「責無旁貸」，在外遇這件事情上，會受到像妻子那樣嚴厲的檢討，可能就不會那麼輕易冒險。但問題是外遇的男人始終活得安全，他們不會像被背叛的妻子那樣名聲受到侮辱，外遇，聽起來就只是一段風流韻事，網路輿論罵得再兇，其實也從未真正動搖過「這是男人天性」的意識形態，而這種意識型態始終會幫他們除罪，甚至，把他們描述的像是忠於生物本能的動物，有一種發自天性的「純潔」。

如果社會批判男人外遇和女人外遇採取的是一樣的標準，檢討的都是他／她的另一半無法滿足他們，或者同樣都只是把外遇看成婚後感情生活中的「經歷」，而不直接連結上道德瑕疵，如果社會把外遇看作純粹發生在兩個人之間、不足以向外人道、外人也無權置喙的事…

這些看似不可能發生的改變如果發生，或許我們就不會再看到影集《慾望城市》在拍到電影第二集時變的有夠無聊，凱莉必須為了跟舊情人在異地偶遇時的一個吻，表現的好像自己犯下瞞天大罪

那樣的天崩地裂，想想看如果那種程度的一點回味、一點點浪漫，對已婚女性來說都是那樣的天理不容，那為什麼對男人來說，逢場作戲不值一提，假戲真做，有感情或沒有感情的外遇，都像是「天性的一部分」那樣理所當然。

　　這個社會最矯情的地方在於，專情、忠誠，這些雙方共同許下的婚誓實際上都只限制了一個人，只有一個人會因為沒有做到而受到嚴重懲罰，而另一個人會被認為是順從天性，得到睜一隻眼閉一隻眼的包容。

如果可以，誰都想順應自己的內心。

　　在婚姻裡，外遇是最能彰顯性別不平等的，或許親職也算是其中之一。這些行為及相關的規範，透露出人們認為男人跟女人在天性上就不一樣，接著再依照這些對天性的假設，發展出對不同性別徹底不同的壓力和箝制。

　　我時常想起那個來賓說的「外遇就像天災」，即使深受某些經營感情的書籍文章所感動，我相信並且憧憬細水長流、相知相惜的情感，也覺得從來不能否認，自己的感情生活會有被外遇的可能。

　　因為膽子小加上這個社會對女性外遇的嚴厲，我可以說相對起來自己外遇的可能性極低，但就從越來越多妻子外遇的事件在匿名網站上被討論，也覺得機率不過是機率，如果單就感情面來說，結

婚不結婚，男或女，人人都可能遭受到背叛和傷害

　　只是這種乍看之下是私領域的事情，其實深刻地受到社會文化所影響，感情創傷會因為這種社會因素而受到強化或減輕，舉個例子來說，因為一般人認為女性外遇的機率較低，不像男人外遇那樣稀鬆平常，反而會讓遭受妻子外遇的男人，在名譽和情感上都受到加倍的重創。

　　結了婚，兩個人就是生命共同體，若是對方戰勝不了誘惑或者刻意地朝誘惑而去，即使自己做好伴侶的一切責任因此是全然的無辜，**也會被拖著共同付出代價**。對女性來說甚至是代為付出所有的成本和犧牲自己，偷吃後道歉回頭的丈夫還可能被讚賞是浪子回頭，但女人被評論「抓不住自己丈夫」的羞辱，還有懷疑自己不夠好的內在傷痕，卻一輩子無法擺脫。

　　在各項因為婚姻而必須互相背負的風險當中，外遇是最令人難堪的。弔詭的是女人甚至必須透過「原諒」，來挽回賢妻或寬容的美名。

　　看著外遇後依然過著幸福生活的朋友，想像著或許他的妻子是透過原諒而獲得某種外人未必能夠理解的滿足，也或許是忍受著痛苦，因為不忍耐的代價更大，就更強烈地覺得一般人討論外遇的方式都有些偏離焦點，**外遇，重要的不是原因而是後果。**

　　無論外遇的是哪一方，外遇，對男人和女人的社會後果是截然不同。

　　自己外遇而導致離婚，或者是被外遇而選擇離婚的男人，都比

較容易找到下一個伴侶，結束婚姻的女人，卻可能就此單身到老。

再加上成為母親的女性在經濟上本來就更容易陷入弱勢，這些社會因素，都可能超越了愛情而變成「必須要原諒對方」的真正理由。

從這個角度來看，男人確實是受到社會保護。外遇對他們來說可以是一種遊戲或冒險，因為他們能夠把感情和自尊受創、家庭和經濟生活都遭受威脅的風險，都轉嫁給身邊的女人。

有些男人沒有辦法進行精神上的探索，於是把自己對生命無常的恐懼、對冒險的渴望，寄託於性和激情。有些也知道自己傷害了別人，就像《凡人》裡的男主角那樣，因為知道自己即將孤獨終老，於是在生命的盡頭做出懺悔。某方面來說那種懺悔是毫無誠意的，但或許對受了傷又註定要獨自舔舐傷口的女人來說，男人對自己的歉意和悔過，還是多少表示了自己傷痕的價值。

如果不是家庭、社會，各方面都包容著男人的脆弱和易受誘惑，女人也不需要如此強悍，承受著這種天災所帶來的傷害和屈辱。聽說不管是朋友的媽媽還是岳母都表示勸和，不管自己年輕時，是否曾經遭遇並且能夠做到忍受丈夫外遇的打擊，面對自己的媳婦和女兒時，都表示「為了家庭」，希望她忍一忍就過。

或許也有一部分原因是擔憂，害怕女兒變成單親媽媽會承受更多的壓力和挑戰，但無論如何不原諒、不接納外遇的丈夫，都是一個乍看之下存在，實際上難以選擇的選項。

我想像這種不得已的堅強和包容，不得不的看開和釋懷，或者

永遠無法看開只是就此懷抱著傷口生活，就是這樣在女人的血液裡代代相傳。因為知道自己所處的時代是什麼樣子，在許多方面，平等都還是只是形式而非現實，只能把期望放在未來，希望面對自己的下一代，無論是兒子女兒，我都能夠鼓勵他克服不公平的挑戰，選擇忠於自我。

　　不用勉強自己去接受無法接受的事情，忍受無法忍受的傷害，希望他們有這樣的選擇，不因為性別而有所不同。

在背離常識的
生活中，
肯定自己
追求的幸福

無性生活究竟可不可以、半開放、全開放的

關係（指的是其中一方或是雙方有婚外性生

活）又還能不能算是夫妻，關於這些問題，

每個人、每對夫妻都有自己的答案。

最近看了一本書，日本作家木靈的《老公的陰莖插不進來》。這個被說有點胡鬧、讓我不好意思在書店購買而是網購的書名，買的時候，確實是基於好奇。

因為我們很常用一種忽略身體的方式在討論生活，所以我們時常討論婚姻卻不討論性，反而讓人更好奇那些性生活遭遇問題，無法滿足彼此的夫妻又該怎麼辦呢？

看完之後我無法否認有一點失望，因為我原本期待這本書能「呈現一種特殊的愛」，一種不同於一般的婚姻關係，就像書訊還有讀者好評上所說的，「這對夫妻不平凡的愛讓人嫉妒」。

但真正看完全書，我卻對女主角，也就是作者本人的選擇無數次想要嘆息。

不是不能無性，也不是所謂夫妻，就一定要像別人說的那樣，一周要有兩到三次的性愛，身體和心靈都有交流（又有多少夫妻能做到？）問題是兩個人以丈夫私下買春，妻子知道卻裝不知道的方式處理問題，我總是有種「這其實不是共識」的感覺。

日本網站上的讀者書評，很多是在質疑：「為什麼不去看醫生呢。」但我覺得為了自尊、寧願死也不想對醫生說出困難的妻子心情可以理解，丈夫沒有要求她這麼做，或許也是一種少見的寬容。

只是和不被要求就醫而能獲得守護的尊嚴相比，丈夫選擇私下買春，在我看來是更傷害妻子尊嚴的事情。

讓我耿耿於懷的並不是夫妻之間無性，而是身為夫妻，卻從來沒有好好地對這件事情做出討論，從未向彼此坦承真心。

雖然在作者筆下，兩個人過著如室友如兄妹的生活，好像也是一種幸福，內在卻是妻子把委屈和寂寞全部都吞了下去，只因為自己是性功能障礙的一方，就過得彷彿對對方有深刻的虧欠。

像是被單方面的放棄了，兩個人不再共同尋求解決問題，而是把問題留在那裡，讓其中一個人獨自承擔。

夫妻之間有時會有這種非語言的訊息傳遞，作者看到丈夫在買春場所使用的集點卡，才發現丈夫並不是和自己一樣忍受著性生活的匱乏，對方單方面的決定了這是她要一個人面對的事情，在震驚過後，她選擇了用「這是丈夫對她的愛」來加以詮釋。

而我卻覺得那表示她深愛丈夫，不去揭穿、不去衝突。

每個人都有「自己覺得的幸福」。

會有難以釋懷的感覺，表示我不是真正能夠理解作者心情的人吧。

站在一段距離之外，說別人「應該」要怎樣總是很容易。同樣身為女性，我在看到那個段落時所感受到的心疼和氣憤，對當事人而言可能只是傲慢，強調的是我和她之間，因人生經驗不同而無法彼此理解的距離。

性生活就跟婚姻中的其他層面一樣，最重要的是兩個人的共同自決，關上門來的事情只要兩個人都覺得好，旁人其實無從置喙。

　我並不認為人們可以擅自開啟別人的臥房，對於什麼叫做「正常」、「你們這樣就叫做不正常」等等的大放厥詞，社會學的訓練，又提醒我要警覺社會如何運用「正常」的定義，對個人自由產生壓迫。但即使如此，我對理想婚姻的想像，還是讓我無法贊同作者的選擇，而那應該是我個人的偏頗，顯現出的是我的自以為是。

　性生活雖然是兩個人之間的事情，其實還是滲透著社會對於正常婚姻的規範，在當中形成對個人的壓迫。不是只有欲求不滿的人會感到痛苦，覺得滿足對方是自己的義務、自己卻無法做到的人，也會感到痛苦和自我懷疑。

　雖然從作者的自白來看，似乎是身為妻子的愛，克服了在一般夫妻之間，可能會導致婚姻破裂的性不合、婚外性行為等等的問題。然而這樣的愛卻很難說不是受到她在成長過程中，被母親不斷地貶抑，認定自己「沒有資格」向上追求的想法所影響，是一種出於自卑的選擇。

　有多少夫妻懷抱這種不能說的秘密共同生活，當中又有多少人像作者一樣，因為無法滿足對方而自卑，總之在「只要你接受我就好」的婚姻避風港中，還是有雙方各自不同、只能默默忍受的寂寞和痛苦。

　無性生活究竟可不可以、半開放、全開放的關係（指的是其中一方或是雙方有婚外性生活）又還能不能算是夫妻，關於這些問題，每個人、每對夫妻都有自己的答案。

　與另一半的共識是唯一重要的共識，這份共識是兩個人共有的

秘密，作者最終還是寫出一本書並選擇公諸於世，可見得即使是下了決心要獨自承擔，還是會渴望找到能夠理解這份心情的人加以傾訴。

社會壓力之巨大不容小覷，個人卻可以有自己的堅持，以及用各種方式讓自己有力量堅持下去，或許對她來說，寫作的意義就是如此吧。

不想要自己的忍耐和痛苦就此安靜地消失，好像沒有發生過一樣的讓所有人都看不出來，總之人在婚姻中都會有這樣的矛盾，如果說了什麼煩惱，擔心被別人貼上婚姻不幸的標籤無法撕去，如果不說，有時候那些煩惱，只有自己一個人知道又實在是太過沉重了。

深愛丈夫卻沒辦法擁有性生活，覺得自己「沒資格」抱怨而默默承受一切的妻子，沒有孩子、沒有身體交流、沒有徹底地坦誠，而是選擇用充滿忍讓的愛，做為婚姻更強力的羈絆。

自己覺得的幸福就是幸福吧，說到底，這世間的愛情和婚姻有很多種形式，只是乍看相同而內在不可能完全相似，每個人都是跌跌撞撞地找到自己可以認同的幸福，看到最後，還是會想肯定作者的勇氣。

像法國女人
那樣生活？

這類說法把個人主義推到極端，好處是讓人覺得似乎只要改變自己，一切就會有所改變，因此對前景感到樂觀和希望，但壞處就是只要嘗試一下就會知道，除了心境之外很少有什麼事情，是只要自己改變，一切就能完全不同。

　　在書店看到一本談法國女人的書*，作者自己就是法國女人。她說無論何時法國女人都會保有自己的一點小任性，「忍耐會讓人變老」。雖然不記得原文但記得這樣一段話：「法國女人就算在養育孩子，也會確保自己有一小段時間，和伴侶一起舉起香檳、享受美味的起士。」

　　實在令人嚮往，或許還沒有生孩子但是決定要生的女性，會因為這段描述而確認自己將來的志向吧。當一個不那麼忍耐，保有自我和伴侶之間的情趣的「法式母親」。

　　還沒有當媽媽之前我一定也會這麼想，只是抽出一點時間喝咖啡、和丈夫輕鬆閒聊，怎麼可能難到哪裡去呢？把忍耐當成美德而且堅持忍耐的母親，可能老得快又苦水滿腹，我絕對不要那個樣子。

　　但我成為母親之後的現實是什麼呢？現實是我發現，理論總是不把最重要的事情告訴妳，就像用紅線在文字下畫了重點，但真正的重點反而是沒有畫線也沒有放大的那幾個字，以為要做法式母親最重要的事情是「不要忍耐」，但是在「法國女人就算在養育孩子，也會確保自己有一小段時間……」這段話當中，真正的重點是「確保」，而一切的問題也在於，如何確保？

　　想要一邊顧著孩子一邊有喝香檳的時間，要週遭的人都認可妳有這樣的需求和滿足需求的權利，孩子不能被認為是妳一個人的責任，妳的老公，也不能在妳說「忙了一天我現在要來杯香檳」的時候說，「孩子哭了妳不去哄還在這喝什麼香檳。」

　　沒有體會過每一件事情都必須先把孩子安頓好，哪怕只是上廁

所五分鐘都要抓緊孩子沒有哇哇大哭、也沒有尿布濕或討奶的生活的年輕女孩，可能會覺得這一切只是我們台灣媽媽不敢為自己爭取自由的藉口，在丈夫或家人面前不夠努力去捍衛自我，總是孩子哭了就跑第一個去照顧，「難怪連喝咖啡的時間都沒有。」

而且關於該怎麼「教育」為人父的丈夫，很多沒結婚的女孩懂的還比已婚女人還多，我在跟一些年輕女孩相處時發現自己被看成得過且過、姑息老公的女人，做不成法式媽媽只能說是自己的錯。

但經歷過才知道，問題不全在我不夠堅持，要在一個不是法國的地方堅持做法國女人，成功了妳會在臉書和 instagram 上面有一大堆粉絲，失敗了，則是沒完沒了的人際衝突。孩子需要照顧者的時候，要堅持「這時候該換班了」然後看誰受不了誰去哄嗎？會是旁人先讓步還是自己先心疼呢？不用實際體會我也可以想像，喝咖啡時旁邊有著嬰兒的哭泣伴奏，那杯咖啡一定是又酸又苦。

我們不能享有一點小任性是因為我們不懂，還緊抱著傳統婦女的美德嗎？不是，重點不是我們不知道「忍耐讓女人變老」，也不是因為無知守舊或太寵老公，而是因為要過上「不需要忍耐」的母親生活，需要太多條件配合，最難的是和週遭的人達成共識。

身邊每一個人都對孩子的成長有深刻的影響，因此也會決定孩子對「媽媽去休息」這件事情的看法，在每一個媽媽都保有自己喝咖啡放風時間的法國可能沒有這個問題，但在台灣，媽媽能夠請求協助育兒的對象只有丈夫或長輩，先不說丈夫的部分，有的長輩就是會在媽媽去休息，自己幫忙顧孩子時對年幼的孩子說「你看你媽

媽只顧著去玩，還是我最疼你了你以後要孝順我喔！」

這麼說來能不能做法式母親的關鍵是要有法式老公，他相信在妳當媽媽之後讓妳有咖啡下午茶和做 spa 的時間依然重要，更重要的是他要相信自己對這些事情「責無旁貸」，身為孩子的父親、妻子的丈夫，要付出時間心力金錢，協助妻子保有自我。因為相信，所以會想辦法幫忙排除妻子休息的障礙，然而在台灣，就算只是全職媽媽一週想要放風一個下午，不只是長輩會說「媽媽本來就是全年無休的」要把傳統婦女的「美德」強加於妳，還有許多男人認為「都當媽了還要想那麼多。」

「媽媽就算累倒了也不該把孩子交給旁人，否則就是卸責。」有許多人抱持這種觀念，就更不用說希望他們主動幫忙，讓媽媽可以休息。

另一種常見的說法是「把小孩顧好妳愛做什麼就做什麼。」多數男人沒有體會過又顧小孩又顧家事連吃飯都用扒的的母親生活，當然覺得自己這麼說，已經是不得了的支持和寬容。

再次回到「忍耐」這個主題。成為母親而且孩子還小的時候，母親想要「不忍耐」，是一種沒有旁人參與就無法實現的狀態，作者雖然是想分享法國女人的經驗，希望其他國家的女人別再折磨自己，但可能要先把法國男人分給我們才有用。

這麼想來，與其出一大堆「如何當法國女人」的書，好像我們都不懂得善待自己的道理，還不如寫一本書來講講「如何讓男人變成法國男人」，甚至還要「如何把什麼都管的婆婆變成什麼都不管

的法式婆婆」，我們真實的困境才能稍微被解決吧？可能更重要的還有提供給政府做參考的，像法國那樣，可以充分支持單親母親和雙薪家庭的育兒津貼、完善的托育制度？

如果我可以放心把孩子交給托育機構，而且不需要高昂的托育費用，就不用在想要休息喝咖啡的時候仰人鼻息，那麼我也可以當法式母親，盡力去保有自己的小任性吧？

有很多書把女人之所以是現在這個樣子，全部歸咎於是女人「自己的選擇」和「自己的責任」，忽略所有人的生活面貌其實都是文化因素、社會因素的共同形塑和參與。這類說法把個人主義推到極端，好處是讓人覺得似乎只要改變自己，一切就會有所改變，因此對前景感到樂觀和希望，但壞處就是只要嘗試一下就會知道，除了心境之外很少有什麼事情，是只要自己改變，一切就能完全不同。能不能喝一杯香檳、放假一個下午，這些都不是心境，而是客觀的外在現實啊。

換個角度來思考這類書籍。我曾看過一本書《偏見法國》，裡面提到對於法國女人永遠美麗性感、法國母親永遠從容優雅其實也是一種偏見，作者整理這些說法所描述的地區和家庭，結論出這不是「所有」法國女人的樣貌，而是居住在過去代表上流社會、今日則是富有家庭的地區的女人才做的事。離開那個地區，收入水平一般的母親就像世界上其他地方的母親，不只會胖，還可能對孩子大呼小叫，忙著洗衣服做飯跟養猴孩子。

看完那篇文章我恍然大悟。原來讓人不得不心生嚮往又自慚形

穢的法式女人，其實不是法國限定，而是我們台灣也有的，讓人羨慕又遙不可及的孫芸芸。想要羨慕其實不需要那麼捨近求遠，只能說法國代表的異國情調，從年輕到老都充滿魅力的女人，在全世界跟台灣，都是女人心中無法捨棄的理想吧。

　　理想和現實終究是有差距的。只是不能因此差距而過分的苛責自己，以為事情真的像別人所說的「是自己不上進」，而是有其社會因素啊。

* 簡約與優雅：法國女人的生活美學 / 世潮出版，2017

那些彷彿
無人知曉的故事，
成為母親的女人
都是懂的

愛情的承諾是不可靠的，可靠的是一個男人
願不願意為了家庭而有所改變，扛起屬於自
己的那份責任，但是很多男人把事情想得太
美，結婚生子後發現事情沒那麼簡單，立刻
搬出「我只負責工作就好，小孩本來就是媽
媽的事」的高論，讓太太躲也無處躲地扛起
兩人份的親職。

今天，我很難得的在孩子的陪伴下，感受到一種歲月靜好的幸福，平常都是我在陪伴他，必須要做的大小事都不斷被打亂，心情總有些毛躁，但今天我跟他說「來陪媽媽工作」，他就真的拿著最喜歡的玩具，和我一起坐在大床上，就著檯燈，我一邊看書，他一邊玩。

當然他會不斷地跟我對話，但是沒有之前常有的「媽媽不要工作！媽媽來玩！」搶走我手上的東西，而是一邊玩一邊說「媽媽妳看！」跟我討了一堆便條紙去玩，但我需要的書，都還讓我好好地拿在手上。

只是在這樣平靜的下午，我卻又想起了讓我牽掛的事情。我感覺今天如果有人問我，是否覺得自己做媽媽是可行的，也就是說能力所及，條件俱齊，我會說是的，雖然一開始非常懷疑自己，有時非常寂寞和崩潰，但現在笑看來時，至少是過了第一階段新手媽媽受到的震撼教育了。

但越是這樣我越想起，若是有些人沒有辦法撐過，走不到笑看來時的這一刻呢？

會有這樣的想法是因為我發現，很多過著偽單親生活的媽媽，一打二一打三，老公除了賺錢什麼都不管不顧，老婆再累也不願意請保母或做一點事情分擔。

同甘共苦就還好，如果丈夫有一點領悟到自己的工時長，等於把一到日二十四小時的育兒跟家務全都讓妻子一人負擔，態度上能有平等尊重珍惜等等，這些問題都不是不能撐過，但問題是很多男

人不是做不到，而是不願做。

　　週末有空自己跟朋友去打球唱歌，振振有詞地說「工作很累需要休息」，但是老婆顧小孩嬰兒，半夜也無法連睡三小時的疲勞，被認為是「妳這媽媽太沒用了沒辦法讓孩子睡過夜」，而不是媽媽需要休息。

　　以家裡太悶老婆只會抱怨沒情趣為理由，所以大剌剌外遇者有之，認為自己有在工作就是對家庭最大貢獻，放孩子哭泣自己滑手機者有之。總之，我聽朋友聊起她所知道的一些事情，加上網路上媽媽網友的苦水，發現真的在婚後感覺到人生絕望，老公婚前的幸福承諾不止打折還要倒扣，長期的疲勞，孤獨，無助之下，曾經想要帶著孩子從樓上跳下去的女人，比我們以為的多太多了。

　　聽朋友說她也有過那樣的心情，因為過度疲累，加上看不見改變的契機只看見這種生活彷彿將永無止境，她真的想從樓上跳下去，最後還是因為想到孩子若沒了媽媽怎麼辦，又捨不得把孩子帶走，才勉強活了下來。

　　聽她這麼說我都要冒冷汗了，想到在無人知曉的時候，朋友的生命就這樣走過幽谷邊緣，只要一點點風，都可以把她推下去。

　　在一個相信「為母則強」的社會裡，媽媽們被放著自生自滅。什麼時候人們願意相信，在母職的掏空下感到憂鬱的不是少數，也非特例？

　　為什麼人們選擇相信「媽媽們總會自己想出辦法」，卻不能理解一個人長期失眠、勞累、缺乏社交生活，本來就很可能變得憂鬱、

看不見光明面，這時再加上什麼打擊就會失去求生意志？有多少媽媽是自己拉住自己，讓對孩子的愛克服這些痛苦？不可否認很多媽媽最後都做到了，這些事實構建了我們對為母則強的想像，卻也否定了在同時間，也有許多媽媽面臨困難。

我相信還會有越來越多人遭遇這種困難，因為我們是被「相信男女平等」的方式教育長大的，女人越來越不想結婚生子是完全可以理解的，結婚生子的女人，會發現父職和母職完全不同，而男人有一個彷彿永恆的保護傘可躲——「妳不是媽媽嗎？」

愛情的承諾是不可靠的，可靠的是一個男人願不願意為成為父親而有所改變，願不願意扛起屬於自己的責任，但是很多男人把事情想得太美，小孩生了發現事情沒那麼容易，立刻搬出「我只負責工作就好，小孩本來就是媽媽的事」的高論，讓太太躲也無處躲地扛起兩人份的親職。

有多少男人知道，當他們在妻子正努力適應母職時這麼任性逃避，甚至還毫不在乎地犯下對婚姻承諾毫無誠意的錯誤時，就是在賭妻子的承受能力，她能否在承受生涯轉變、看不見原本自己，對未來也不知從何期待，最重要的是每天睡不好吃不好，造成內分泌失調進而情緒低落等等的情況下，受到丈夫根本不是一個可靠的人還是一個加害者的事實打擊，還能做到帶著孩子好好活著，而不是帶孩子一起死？

我相信這麼做的男人是想得太過簡單，因為他們比誰都相信為母則強，所以放心地做他的小男孩，自由自在，無拘無束，像以前

抱怨媽媽那樣抱怨這個被逼著做他媽媽的妻子。

　　成為母親之後我對這些事情的感受力比以前高多了，當然理解能力也是，我深刻感覺到就算我們在婚前盡量睜大眼睛，能夠遇到一起走過風雨的人還是不容易的，女人在接到母職後需要調適，也有些男人受到一點考驗就露出真相來。獨自在風雨中奮鬥的母親，我只希望我的文字能讓她們知道，妳的困難，有人懂得。不要輕易地放棄自己。

在婚姻裡，
也會感覺到
愛的匱乏

感覺到自己也被愛得很少的時候，才是愛最難

的時候，因為我們所面臨的選擇違背了自己的

生存本能：擁有的已經少到不足以讓自己安心

和滿足，還要用那有限的資源不斷付出。

　　每個人對愛的表達方式都不同。麻煩的是，每個人都不想多做解釋，不管是對自己如何表達，還是對自己如何接收。我們總是輕易預設對方應該要懂，所以愛的付出和獲得都應該非常流暢，一旦受阻就會覺得挫折，不覺得被愛，也不覺得自己付出的愛，對方有好好地收到並且珍惜。

　　只有兩個人的時候還好，大不了吵架，有效的吵架也是溝通，大家都把不滿說出來，才有彼此理解和重來的可能。但有了孩子之後吵架會變困難，有太多的事情要做，忙完後有時連吵架都沒有力氣，看著對方對彼此感情變化那副不知不覺的樣子，怕被說「都當爸媽了還想那麼多」，連失望也說不出口。

　　愛情會因為孩子而更加堅定嗎？和臉書上充斥的幸福合照相反，在有了孩子之後，愛情會受到嚴苛的挑戰。

　　我還記得在孩子出生的第一年，有一段不算短的時間，我覺得自己的世界裡並沒有愛情，所有的時間心力都被孩子占據，想到自己是不是有了孩子就不愛另一半，雖然也覺得殘忍，但就連洗個澡孩子都會在門外嚎啕大哭的那個階段，我覺得我連自己都不愛了還能夠愛誰。

　　愛自己是需要時間心力的，不是只在心裡想著很愛就能夠滿足，還需要有自己的時間，需要花費心思去照顧和滿足自己的需求。

　　但孩子把這樣的資源全部占據，為了不讓自己總是被失去自我的感受刺痛，我於是麻痺了自己只專心做一個付出愛的母親，和伴侶之間的感情，嚴格說起來變得非常淡。

　　我在那時最常感覺到的是愧疚，交替出現的不滿和愧疚，有時我不滿於他身為父親和我身為母親的責任和壓力會差那麼多，他可以做他自己的事情，而我付出所有卻還是不夠。

　　但有時也會感到愧疚，那種愧疚感好像是我們之間愛情存在的唯一證據，看著他彷彿被我們母子排拒在外，一個人沉默地轉著電視，想像他那樣孤單而且對新生活不知所措，也會覺得不捨和淡淡心酸。

　　不知道什麼時候能把自己找回來，我覺得必須要有做自己的時間才能再以伴侶的身分付出，在當時我推翻了很多過往對婚姻的想法，比方說曾經以為婚姻中最可怕的事情是某一方外遇，現在才知道，**比外遇更容易發生的，是在婚姻裡變得不愛**。

　　我也曾經以為最有可能不愛對方的是男人，人們不是總說男人喜新厭舊到手了就不懂得珍惜？卻在當時才發現**自己也有可能變得不愛對方**，對於對方那些渴望愛、想要被愛的眼神和舉動，竟然是覺得疲累和想要逃避居多。

　　孩子的誕生會讓親密關係變得如此緊張，那跟我們總是以為的，孩子是愛情的結晶是如此不同。孩子在不算短的時間內占據父母的全部注意力，如果這時兩個人錯誤地把對方推開，即使孩子長大，終於把時間還給父母，父母之間作為伴侶的那層關係，也可能再也無法修復。

　　有個男性朋友聽我聊起這段時間，每天耐心都變得很差，覺得跟老公變成兩個世界，說「那我要找個更有耐力的人結婚才行。」

他解釋這句話的意思是，希望自己未來的伴侶能更堅忍地面對成為母親的生活，不因為疲累而犧牲和伴侶的關係。我告訴他你當然可以把理想伴侶的標準提高，但最後只會是程度的差異。因為無論一個人脾氣再好耐力再強，如果晚上每隔兩三個小時就必須起床工作，睡眠斷斷續續，連對自己都不夠好了，對待旁人，一定沒辦法再像過去那樣溫柔和從容。

　　但我也從男性朋友的態度察覺到，這是一種性別不平等，男人很容易抱怨在自己工作忙，累到回家只想倒頭睡的時候，還吵著要約會看電影的女友有多麼不貼心，反過來當另一半成為母親，某個角度來說比任何工作都還要忙累時，卻無法轉換立場忍受伴侶的冷淡。

　　也有男人信誓旦旦地說當媽媽哪有那麼累，偶爾把孩子交給他整天時他還可以組隊玩線上遊戲，好像媽媽會累都是因為自己想得太多，太過完美主義的結果。

　　只能說父職和母職被評價的標準完全不同，也有可能對男人來說，從小看著母親負擔起全家的情感勞動，而父親向來只需要顧好工作，所以在他們的認知當中，因為工作忙而疏忽對伴侶的貼心是有正當性的，但是母職，不構成可以冷落家人或伴侶的理由。

　　小時候看自己爸媽都這樣，更會覺得事情好像應該就是如此。有人說男人跟不上女人變化的腳步因此總是讓人失望，從成為父母之後，男女對彼此的期待和要求看來，確實是一方依然停留在過去，而另一方又跑得太快。

能否用耐心等待落後的一方，還有落後的那方，是想把跑得快的人拉回自己的時代，還是也有誠意努力趕上，是有孩子之後，兩個人是否還能相愛下去的關鍵吧。

愛是需要補給的，不管是來自自己還是旁人。

我們都想付出愛但是也需要獲得，不求回報的愛被稱為大愛，而芸芸眾生總是為了小愛而忙。

缺乏補給的小愛很容易就被掏空，就算有人說愛是一種內心源源不絕的動力，至今為止，我也只在跟孩子的關係中，有過那樣全然出於自發的感覺。

對另一個成人就無法放下期待，覺得自己愛對方，對方就該愛我，於是在忙碌照顧孩子的那段時間，和伴侶的愛完全是處於缺乏補給的狀態。

我一直感覺到對方的索求，可能也是因為無法把他做的事情認為是補給，我不平衡地想著你跟過去過著一樣的生活，有沒有我們都一樣工作，那怎麼能說努力工作就是愛我，特別是照顧孩子這件事，他一開始是完全幫不上忙。

每天趕時間洗澡吃飯做家務，我不斷地付出和投入，彷彿被分成兩半，只有身為母親的那一半心情踏實。

而那時另一半所渴望的東西，不管是陪伴、溫柔或鼓勵的言語、

性生活……都讓我感覺自己每天面對著兩個討愛的人，一個是孩子，一個是我曾經期盼在這種時候可以依賴的對象。

對於孩子我不會抱怨，可能也是母性的本能，只要他一個微笑我就覺得情感獲得補給，但是對於在我看來，一樣過著原本的日子的伴侶，我心裡千言萬語，只是不知道該怎麼去說。

原本的興趣、習慣、工作和生活都被改變，有限的時間又全部投入家庭，難道你看不出我已經一無所有，還能再給你什麼呢？我在那時強烈地感覺到愛情的匱乏，不只是不像過去那樣愛著對方，也覺得沒有人像過去那樣愛我。

所有人都只關心孩子有沒有受到良好的照顧，挑剔媽媽為什麼不能做得再更細緻一點，我好像是一個抽象的、被普遍稱為母親的影子，被時刻用放大鏡檢查的名叫媽媽的員工，而我自己是否快樂，身體狀況還能否負荷，好像就在「孩子快樂就是媽媽的快樂」的預設下，變成不需要關心或討論的事情。

另一個男性朋友跟我說，他覺得這並不公平，因為男人沒辦法成為母親就好像背負「原罪」，他再怎麼努力付出也不如妻子，就被認為沒有抱怨的資格。

但是擁有抱怨的資格就會比較快樂嗎？我想答案是否定的。在親密關係裡如果想要打敗另一個人，渴望任何形式的獲勝，那就像我跟朋友開玩笑時常說的一句話，「傷敵一千，自損八百」。表面上的勝利破壞的是實質的幸福。

重要的是知道自己想要什麼，有的人說真的並不在乎丈夫做到

多少，而只要他能提供經濟穩定的生活，還有家庭裡要有個孩子。但我難以放下對心靈相契的渴望，從交往到結婚，我想要的一直都是和另外一個人，在這變化無常的世界裡有彼此陪伴的感覺。有了孩子我們當然還是一起生活，但陪伴的感覺卻變得起起伏伏了。

回到抱怨這件事情吧。

孩子的出生讓我從裡到外地做了一番改變，我在努力適應時感到強烈的不安，沒有人告訴過我成為母親後原本的自己可能會消失，身材、外貌、生活方式，以及被疲倦磨得尖銳的性格都讓我感到陌生，也不由得要想，對方的抱怨是出於他愛我，還是只是想念過去的生活。

而我們明明是一樣的想念，對於那些已經不會重來的部分，曾經的兩人世界，還有身上沒有父母責任時的自由和輕盈。

說出口的抱怨和內心真實的感受隔了一層，抱怨只有一種色彩而內在其實是感到矛盾，不是完全討厭新的角色，有時候也能享受母職，但失去自我的感受有時隱隱作痛。

我不敢承認自己對這樣的生活有所不滿，懷疑那是否就表示自己「母親失格」。我以為一個有愛的母親總是快樂著，而看著丈夫就會感到不平衡，是因為相對於我的忍耐，他並不會對新的不快樂保持沉默。

到後來我才覺得這種「不沉默」也是一件好事，在我因為身為母親而自覺所有的負面情緒都應該壓抑的時候，我們還有一個人能誠實說出心中所想，他像鏡子一樣映照出那個失落的我，我所不敢

説、不敢抱怨的事情，他都代替我說了出來。

　　雖然看起來是很容易引起衝突的溝通，總是會讓人想說「你以為只有你不開心嗎？」「累的是我，你有資格說什麼？」但或許又是那最初浮現的一點點心疼，對於自己已經無力去幫助他適應改變的一點點愧疚，還是讓我收回了這樣攻擊性的話語，只是淡淡地說「我也一樣。」

　　愛的匱乏不會是單方面的，在你覺得自己因為孩子而失去愛的時候，我的心情也是一樣的。

孩子把兩個人生活綁在一起，
心靈距離卻可能拉遠了。

　　在一個孩子到來，改變原本的生活和互動型態之後，所有的時間心力都要重新分配，對一個沒有後援，也沒有經濟能力去尋找外部幫手的小家庭來說，丈夫覺得自己原本能夠得到的關愛被剝奪，而妻子因為成為母親，更像是除了不斷付出的義務以外一無所有。

　　我在當時感受到的愛的匱乏，另一半就像鏡子一樣忠實地加以反映，他的孤單和情緒像是對我的指責，卻也像是在轉述我心裡的困惑和失落。

　　「為什麼有了孩子就沒有我？」「我不再重要了嗎？」「從此以後都要這樣，我只負責愛人而不能要求被愛嗎？」

停止追究「誰才有說這種話的資格」之後，我才發現我們竟然已經如此親密，不是表面上看來溫馨幸福的那種親密，而是距離已經近到你不快樂、我不快樂。為人父母賦予了我們人生中最重要的角色，進一步影響了我們的關係，在共同負擔一個小生命的責任下，就算各忙各的，也還是很難做到對個人的快樂「各自負責」。

曾經打從內在彼此關心的夫妻很難跟對方保持距離，情緒總是互相傳染，又因為無法明確地提出「現在的轉變是誰的問題」而從某一方下手解決，任何一方感受到的空缺，都是雙方共同的失落。

孩子會像一條線一樣把兩人的生活拉近，但不能決定兩個人的心靈距離，如果只看見孩子的需要而忽略對方，或許能讓一天的待辦事項減少，兩個人曾是親密伴侶的關係卻會產生質變，從平等互惠，轉變成一個母親在照顧一個大人和一個孩子，又或者一個父親始終缺席，真正存在於家庭中的只有孩子和母親。

在感覺到自己也被愛得很少的時候，才是愛最難的時候，因為我們所面臨的選擇違背了自己的生存本能：擁有的已經少到不足以讓自己安心和滿足，還要用那有限的擁有不斷付出。自己的內心正感到荒蕪，卻必須要照顧另一個人的內心，明明覺得自己才是缺愛的一方，卻在關係中被討愛到無處躲藏。

我那時想起了一句話，「愛人如愛己」，要像關愛自己一樣關愛他人。我想那並不單純指的是給予自己多少時間和物質資源，就給予對方同等的量，還包括因為能理解自己的種種感受，所以能在對方有類似感受的時候辨識出來，像療癒自己那樣努力地療癒對方。

卻也忍不住感嘆，即使是對於最親密的人，已經因為孩子，彼此的人生都被緊密連結在一起的另一半，要做到愛人如愛己，還是好難好難。

在變成父親之前，男人被允許先當長子。

我常看見網路上有人把丈夫稱呼為長子，就是在這個階段，家有幼兒，卻又時常感覺到丈夫是一個長不大的小孩。他加入了幼兒討愛的行列，每個正確行為都需要大量的鼓勵，責備他時又要特別謹慎小心，否則他就會因為父親的生活缺乏成就感而明裡暗裡想要逃離。

幽彼此一默或許是一種紓解壓力的方式，但是在玩笑背後是女性無法直言的失落，兩個大人，原本是平等而親密的關係，後來卻變成照顧與被照顧，可靠的好像只有自己。

曾經可靠的那個對象，在各種「男人本來就是比較晚開始學當爸爸」、「有幫忙就不錯了」的主流論述裡獲得保護（幫忙這個詞，也預設了所謂親職就是母職），於是丈夫可以選擇長大或不要長大，偶爾當一下孩子王，就安心地認為自己盡到了父親的責任。

想要幽默一點看待兩個人處境的差異，卻還是懷念過去有接受照顧的感覺，就像對於「長子」會覺得應該要多一點包容，內心還是期望他有一天會長大，真正成為能夠照顧家庭的可靠肩膀吧。

　　夫妻之間的抱怨或挖苦都是掩飾，內在是不能明說的害怕和糾結。覺得身為「好父母」就不該有想要逃避的念頭，但是那些想法和感受又確實存在。許多衝突因此而起，是因為自己想休息不敢說，看到另一半在休息，就忍不住用言語、表情或態度，指責正在休息的對方「太厚臉皮」。

　　新手父母的階段我覺得是最困難的。乍看之下是兩個大人學習照顧一個小孩，其實是三個不同成長階段的孩子在努力學習共同生活，沒有一個人是完全的大人。

　　在這種時候特別需要學習正確的付出和表達，還包括認識自己內心的陰暗，對對方的嫉妒讓我們以為，在這個家庭裡幸福快樂都只有一份，我們需要彼此爭奪。對彼此有益的真誠其實並不是指控對方的錯處，而是承認自己有想要被愛和被照顧的需求，不用母親或父親的角色去化約自己和對方。

　　那是一段很容易感受到愛的匱乏的時期，而我已經忘記了怎麼走過那一段，只記得我白天照顧孩子，深夜，用寫作和眼淚撫平自己的內心，我努力做一個能夠付出愛的人而心裡其實吶喊著「誰來愛我」，還算慶幸的是我克制住指責對方的衝動。

　　或許是寫作幫助我接受了自己的脆弱，透過寫作所記錄下來的事情，一層一層去往下挖掘的習慣，也讓我看見了對方的脆弱，我發現愛的匱乏感是雙方共有的，而想盡力避免因為這種感受而彼此攻擊。

　　在愛情和婚姻裡人還是要對自己的快樂負責，但這不表示停止

對對方有所期待，不求回報的愛真的太難，我們只能學習在努力照顧自己的同時，克制住想指責對方哪些事情沒有做好的衝動。正確的向對方傳達自己的需求，也盡可能地聽出對方的真心。

　　幸福不是某種現成的、可以被擁有的東西，不因為結了婚、有了孩子而獲得保證，現實就和我們相信的童話相反，結婚成家以後，會因為更多的壓力和責任，讓人總是不由自主想念起過去單身時的輕盈和自由。

　　必須要一直這樣提醒自己，結婚是為了追求共同的幸福，不是個人的滿足，不能只為自己負責，也要承擔對方。

關鍵的其實是相愛，不是一套標準化的分工。

　　為人父母會增加很多溝通的障礙，想到自己「都已經是媽媽 /爸爸了」，就會有更多心情說不出口，忙碌也讓人很容易就能逃避真實的自我，許多人在被工作和育兒占滿的生活中先是失去自己，接著就失去在心裡為另一半保留的位置。

　　只具有分工功能的婚姻和家庭都徒具形式，一個真實的、能給人溫暖和安全的家，應該在內部有愛的流動，卻有許多夫妻因為沒有成功克服初為人父 / 母的挑戰，讓親密關係變成相對無語，一開口就引爆衝突的沉默。

　　我們受到「我們應該要相愛」的想法所束縛，一旦感覺事情不

是如此，恐懼就讓我們說不出話來，只能用不著邊際的言語和態度來表達，指責對方這件事情為什麼這樣、那件事情又為什麼那樣，而沒有辦法說出真正的問題和困難。

表面上的問題總是分工不均，糾結於為什麼你有一小時時間休息而我沒有，但更深層的問題總是牽涉到情感和心理距離：

「我覺得你不愛我。」

「我害怕你不愛我。」

「我不想一個人承受這些。」

「我擔心我們正在各過各的生活。」

夫妻之間一旦因為這些心情難以啟齒，習慣了彼此背過身去，就會開始向別人抱怨而不是對彼此誠實。

我學到在親密關係裡，我們必須先對自己誠實，接著用不帶指責的態度和對方溝通，必須保護對方的自尊，才有可能獲得對方的理解和尊重。

那種被接納的感受是我們在婚姻裡想要的，至少是我們選擇和對方在一起的理由，但卻時常被自己的誤解綁住，以為誤會、疏遠、冷漠、不安、嫉妒、缺愛，這都是戀愛中才有的煩惱，結婚之後若是有這種感受，我們應該要覺得羞恥而將之隱藏。

實際上即使結婚、為人父母，**愛情的煩惱我們全部都有，只是這樣的煩惱不能輕易公開**，連對自己都很難做到誠實。

社會對為人父母者所貼上的標籤，讓我們對誰都不能真正的開誠布公，坦承自己的婚姻裡有悲傷、壓力、恐懼和嫉妒，馬上就會

被懷疑是不稱職的父母、可能會因為感情關係而傷害兒女。為了不受到這種壓力，種種負面的情緒我們都不能跟別人說。

在關係中有些警訊是另一半應該要知道的，我們也會因為父母的角色束縛，而覺得不敢開口。

然而不能表達真實自我，我們就會像是一個屋簷下的陌生人，一個組織裡的兩個員工，只是共同完成生活的各項任務，在內心深處始終明白，這樣下去等到孩子長大，我們就會失去跟對方在一起的理由。

愛的匱乏是一種感覺，卻絕對不是用「不要這樣想」就可以打發輕忽的問題，理智可以控制我們不做什麼，卻沒有辦法控制我們該有什麼感受。

婚姻中容易引發衝突的像是家務、教養觀念、兩代之間、金錢分配還有性生活等等問題，沒有辦法就事論事，就是因為重點其實不在事情本身，也沒有一套放諸四海皆準的分工模式，能夠保證只要按表操課，雙方就都能夠感到幸福。

問題總是在於這些事情引起了缺愛的感覺。只要覺得對方不愛自己，那個願意討論或折衷讓步的自己就會消失，剩下只想捍衛界線、深怕再度蒙受損失的自我。

感覺到自己被愛的人願意付出，覺得自己不被愛的人就算吝嗇也合情合理，我覺得必須要提醒自己的是，同樣的想法和效應也會發生在對方身上，所以在關係中，永遠都要有人先釋出善意，勇敢向前跨出一步。

　　兩個同樣害怕向對方坦承、只會旁敲側擊、卻又苦於對方接收不到自己訊息的人，不是陷入無限的指責迴圈，就是變得死心冷漠。看到別人分工其實也沒有那麼「公平」，或者沒有那麼仔細，卻還是能夠溫柔相待，才會知道問題從來不在於公平於否，而是失去了相愛的感覺，才讓人想要退而求其次爭取公平。

　　而公平與否又往往是自由心證，就像相愛的夫妻多半不介意自己多做一些，即使客觀上並非等量的付出，也不會有不公平的感覺。而懷疑自己是否被愛的夫妻卻總是覺得不公平，在各種無法量化計算的事項上，覺得自己犧牲較多而感到委屈。

　　結了婚、有了孩子以後，相愛的感覺依然無比重要，對感情的經營，也就是那些該做些什麼，才能讓自己和對方都能感受被愛的事情，也不能因為「夫妻都是這樣」、「都有小孩了還想那些做什麼」而變得消極。

　　在時間和心力都變得有限的情況下，我們必須努力了解自己，也付出同樣的努力去了解對方。

　　問題時常是出在自己的內心，而不是這個人是對的或錯的人。

　　我在有孩子之後才意識到自己並沒有準備好面對真實的親密，那種親密不是兩個人緊黏在一起沒有祕密那種親密，而是在說兩個人的距離無比接近，所以只要一點疏忽，就會讓彼此同時受傷。

　　有一句話不管是單身或結婚同樣適用，「愛，是在別人的需要裡看見自己的責任。」我在面對孩子時對這句話有深刻的體悟，但面對和自己同樣變成父母、要共同面對這個挑戰的另一半，也覺得

要看見對方的需要，並且覺悟到自己責無旁貸。

　　先付出愛不是一件容易的事情，先釋出善意也是，但是如果自己不這麼做，對方也只會在牆的另一頭消極等待。身為先察覺到問題的人，我願意當先付出的那一方，這裡的付出不是無條件的滿足對方或代為承擔責任，而是向對方坦承自己內心的想法，也關懷對方的內心。

　　當兩人之間開啟了真正的溝通，哪怕不是解決任何現實的問題只是分享感受，愛的流動似乎也重新開始，漸漸的，終於不再那麼感覺到愛的匱乏。

對孩子發怒
就轉身離去的伴侶

教養孩子是困難的功課，和另一個人一起教

養孩子更是困難，因為那不只牽涉到我們對

孩子、對自己的理解，還包括在負擔已經很

沉重的時候，還要再去努力理解第三個人。

　和許久不見的朋友聊天，她最近的苦惱，是先生沒辦法對兩歲的孩子保持耐性。更具體地說，他根本是把兩歲孩子當成十二歲來期待，一旦孩子沒有辦法乖乖坐好、吃飯、遵守和父母的約定，他就會大吼大叫然後離開現場，留下同樣也被孩子鬧到理智快要斷線，只是勉強自己克制的媽媽。

　實在很難跟婚前對她老公的認識連在一起，以前的印象就是臉書上兩人出遊的快樂合照，時不時放閃讓大家羨慕的一對夫妻，聽她這麼說，也覺得難怪臉書上好久沒看見她老公，好像從孩子出生後就神隱，比較起來，會來幫忙帶孩子的婆婆和朋友的媽媽，幾乎取代了另一半變成臉書上時常出現的角色。

　如果重新來過，會選擇生小孩嗎？朋友嘆口氣說應該還是會，因為她很愛這個孩子。雖然職業婦女的生活只能用兵荒馬亂來形容，但不會後悔生下寶寶，只是如果可以選擇，不會選擇現在這個老公了。

　雖然自始自終她都保持微笑，幽默地說「兒子大概被老公當作情敵了吧」，但同為母親我懂她沒有說出口的淡淡幽怨，孩子出生後，如果一天有百分之五十的時間是在鬧脾氣、講不聽、聽不懂（其實還算是這階段孩子的正常狀況），她身為媽媽在那段時間無處可躲，只花了一天百分之五的時間和孩子共處的丈夫，卻有一半時間是在生氣吼叫，另一半時間是直接離開現場，很難讓人覺得公平。

　那讓我想起亞莉・霍希爾德在《第二輪班》裡討論過的，有些孩子的爸爸因為清楚知道媽媽會在現場，就會放心地採取他所謂的

「軍事訓練」，許多爸爸認定孩子需要以更嚴厲、不回應哭鬧的方式教養才能「鍛鍊他的心智」，於是下意識地選擇了用這種無法建立親密感的方式與孩子相處。

能夠安心地這麼做，也是因為知道妻子的在場，孩子的母親會用溫暖和安慰的方式對待被自己弄到哇哇大哭心靈受傷的孩子，彌補這種方式造成的問題。

作者語帶暗示地表示：「既然先生對待小孩的手法比較粗暴，媽媽不會放心讓小孩跟先生有更多時間在一起。」換言之，除了前述的理由以外，這種方式也確保了爸爸只需要負擔較少的育兒時間，孩子會因為害怕爸爸而隨時都去找媽媽，媽媽忙不過來時，爸爸兩手一攤表示「是他不要我」的態度就更為理直氣壯。

這樣想真的很令人生氣，這些無論有意或無意，都讓媽媽負擔最重的擔子的另一半，但更進一步細想又何止我的朋友是如此，我自己的家庭，也有程度較輕微但類似的狀況。

不曾被父親溫柔對待過的男孩，
長大後不知道該如何對孩子溫柔。

和同是新手爸媽的我比較起來，先生似乎就是不知道怎麼贏得孩子的心。雖然在我看來他已經十足努力，他買玩具、陪孩子玩、用誇張的表情想逗孩子笑，但孩子就是不那麼買帳，跟爸爸獨處時

雖然表現得比較乖巧，卻也很明顯是在「等媽媽回來」。

　　爸爸變成一個替代方案，如果可以，還是跟比較不容易生氣，生氣時也不那麼令人害怕的媽媽在一起比較安心。我幾乎可以聽見孩子的心聲，對於感嘆自己不被孩子偏愛的另一半，也有種無從責怪起的無奈。

　　爸爸和孩子在一起時時常被惹到生氣，我覺得有一種可能，就是他無法表現生氣以外的情感。我曾經看過一種說法，在強調男子氣概的性別教育下，對男人來說，從小到大被允許流露出的情感只有一種，就是憤怒。

　　其餘的像是挫折、哀傷、不安、焦慮、恐懼等等，都會被要求掩飾或壓抑，只能轉而用憤怒的方式呈現。比較起來女人被允許表達出更多樣的情緒，於是無論從成人或孩子的眼光來看，很明顯地，男人的情緒往往就只有生氣／沒在生氣。

　　但那不過只是表象，人天生就有各種情緒，男人只被允許表達怒氣是因為憤怒讓他們顯得強悍，而其它情感則會讓他們顯得脆弱。

　　於是他也用同樣的方式和孩子相處，在孩子讓他感到挫折時不會表達挫折，而是大吼或者用力關門，孩子不知道自己引發的是受傷的感受而只覺得爸爸在生氣，久而久之，在面對爸爸的時候，他克制自己不要有脫序行為不是因為同理心，而是因為恐懼。

　　而另一種可能是因為我的溫柔教養，讓先生覺得孩子需要受到更多的鍛鍊，應該要像他一樣「男兒有淚不輕彈」，不能總是跟媽媽撒嬌或哭哭啼啼。

　　總之，父親的嚴厲有可能是他只知道這種方式表現自己，也只知道用這種方式教養孩子，儘管現在性別角色的界線已經有些許鬆動，人因為受到自己從小接受的教養所形塑，行為上不會有明顯的改變。

　　但我在他身上也看見一種矛盾，一方面他羨慕我，和孩子之間可以那樣親密，但是當孩子對他撒嬌時，他又不自覺板起臉孔，覺得自己必須扮演更牢不可破的規範，必須對孩子嚴格。

　　身為母親而且是渴望自己和孩子親密依附的母親，我是不是在助長先生扮演一種他心裡認為應然的強悍角色，就像溫柔是一種需要耐力和堅忍才能做到的選擇，不溫柔，是不是也是先生壓抑了心裡對親密的渴望，為了和我達成平衡所做出的選擇？

　　在更具體的細節上，如果我不在場，他是不是就會收斂脾氣，因為知道孩子除了他，沒有其他能夠獲取安全和溫暖的對象？

　　我記得在我工作的那段時間，晚上讓孩子和爸爸獨處，打開家門後父子倆氣氛一片平和，確實，他比我在場時更能忍住不發火，就好像大吼大叫也需要觀眾，當現場只有兩個演員而台下一片空蕩，爸爸生氣、吼叫、孩子大哭的悲劇循環也就演不下去了。

　　但那平和的氣氛卻隱隱然有些壓抑，我的登場就像有人掀開壓力鍋的蓋子，在門外我還聽見先生耐著性子回答孩子的問題，我一進門，他的表情登時就垮了下來。

　　那不是因為他故意想要氣我或者抱怨我工作太晚，而是因為他一直在忍耐孩子造成的壓力和煩悶，等我一回來，他的情感鬆懈，

無論有意識或無意識，他需要也想要讓我知道，和孩子獨處讓他相當辛苦。

　　這好像又不是教養觀念的問題了，而是夫妻之間，用什麼方式表達煩悶的問題。但也證明了他確實可以對孩子更溫柔一點，只要他覺得有必要，所以即使受到「必須有人扮黑臉」的觀念束縛，他也有包容孩子的潛能。

　　從我知道他其實做得到之後，就一直鼓勵他這麼做，提醒他我們可以不同於自己的原生家庭，身為伴侶的我也接納他坦承自己的脆弱或挫折，反而是什麼情緒都用憤怒來包裝，才會讓我感到難以忍受。

　　我們都受到自己從小接受的教養方式，以及父母展現出來的性別角色所強力的束縛，而和女孩相比，只有極端少數的男孩，成長過程中有被父親溫柔對待的記憶。

　　我曾經對動不動就生氣大吼的先生感到厭煩，也感到自己的憤怒被喚醒，但是當我擁抱著自己的孩子，想像著當先生在他這麼小的時候，受到的可能是截然不同的待遇，因為身為男孩，想哭時不會被擁抱，反而會被斥責甚至打一頓再關進房間裡，我突然也就理解了問題的癥結。

　　這讓我比較能克制住斥責先生的衝動，在和他討論這件事情的時候，也不只是單純地告訴他，現代教育的精神是「不對孩子那麼兇」以及男女平等。而是把焦點放在我們童年時所受的教養，提醒他「我們其實可以和過去不同。」

比起被單方面的斥責，人可能更願意被鼓勵或引導，總之雖然改變並不像說起來那麼快速簡單，但是在我不斷地描述，我們的親子關係可以有哪些不同時，嚮往成為和過去不一樣的父子，先生對孩子的教養方式，似乎也逐漸地改變了。

教養觀念可以彼此互補，
重要的是兩個人要「在一起」。

　　能夠對先生做到這種程度的理解，忍住斥責先生不要那麼兇的衝動，冷靜地思考怎麼跟他溝通，是因為我有全職照顧孩子的經驗，知道我們只是表達情緒的方式不同，但單獨照顧孩子的時候，本來就很難沒有情緒。

　　照顧孩子是喜悅和疲憊不斷交錯的事情，在孩子開始有自己的意見卻無法溝通，大腦還未成熟做不到忍耐之前，主要照顧者更是疲憊和煩躁的情況居多，能夠把和孩子獨處的時光描繪得盡是一片祥和美好的人，一天多半只花費非常稀少的時間在育兒。如果可以在有空的時間、可以選擇的時段才跟小孩在一起，即便是換尿布、洗澡這類瑣事，都可以讓人單純地感受到育兒的喜悅。

　　對於生活忙碌，時間上沒有彈性的父母來說，帶小孩就辛苦多了。

　　而夫妻感情會因為育兒受到多少考驗，雖然也有人說，是受到

兩人的教養方式是否一致所影響。我也認為頻繁地為了教養方式而爭執，確實是很傷害感情，但很多例子都讓我覺得，教養方式是否同調，還不是真正會影響感情的關鍵。

每個人對於親職的想像本來就不同。多的是比較嚴格的父親或母親，搭配另一個管教方式相對鬆散的伴侶，孩子也會知道爸爸跟媽媽「不一樣」，沒有人是一樣的，而自然地發展出應對不同性格的人的方式。

真的會傷害夫妻感情的，是在遭遇教養的各種辛苦和困難時，兩個人是否依然「在一起」吧。

我能夠和先生好好溝通，是因為先生很少在對孩子發怒後逕自拂袖而去，在他斥責孩子時，雖然我會對當下緊繃的氣氛感到困擾，但因為他仍然在現場，我會覺得我們只是解決問題的方式不同，他依然和我共同面對問題。

但朋友的丈夫會在生氣後頭也不回地離去，一消失就是幾個小時，對於事後，朋友想要討論剛才的處置時又會拒絕溝通，我想像著朋友既是妻子也是母親的心情，心裡明白在那樣的時刻，無論曾經和丈夫有過多麼熱烈的愛情，都會瞬間冷卻到變成心寒。

孩子是我一個人的嗎？孩子惹人生氣的時候，只有你生氣而我不生氣嗎？對孩子臉上顯而易見的恐懼不安，感到心疼的只有我嗎？

可能連這些問句都沒有機會說出口，就被一句「都是妳寵出來的」堵住了嘴巴，可以撤離現場是因為知道妻子不會丟下孩子，可

以放心孩子有人照顧，只是顧到了孩子的安全，卻徹底忽視了妻子的心情。

不管父親還是母親都會對不講道理的孩子生氣，合理的生氣和單方面發洩情緒的界線也相當模糊，在被孩子氣到說不出話來時會想要恫嚇、想要快速結束這一切、甚至想要逃離暴風圈，這種心情任誰都可以理解，但是夫妻必須要理解對方而互相協助，而不是一方自顧自地離開，讓另一個人承受兩人份的壓力。

每個人都應該要有能夠宣洩壓力的時候，像是火山和地震的「正常能量釋放」，總是只有某一方可以發洩而另一方被迫忍耐，這對婚姻關係的傷害，長期下來也是不容小覷的。

因為那是很孤獨的事情。被單獨留在某一個困難的情境裡，而且「總是」只有自己被留在這樣的情境當中，做妻子的很難不問到底什麼是婚姻誓言裡的不離不棄，既然孩子每次讓你抓狂，你就離棄我們母子在客廳裡、馬路上、甚至是大雨裡？

我很好奇有多少男人知道自己正在付出的代價和收穫不成比例，如果他們確實相信，自己的教官角色對孩子有益，而且還是一個發完脾氣、做出教訓之後就逕自離開的教官。

他們把扮演輔導室老師的任務交給媽媽，問題不在於這樣的分工對或不對，而是這究竟是出於對理想的父親角色的想像，還是事實真相是，就像妻子感受到的那樣，只是想把一切困難都丟給媽媽來處理。

自己的情緒爆發完了，孩子的心裡可能留下傷痕，還把媽媽一

個人留在壓力鍋裡，能不能因此磨練出孩子強悍的心智還未可知，讓妻子覺得自己嫁的人原來根本不能同甘共苦，而是遇到困難和麻煩就會逃避，傷害婚姻的後果才是顯而易見的。

當另一半變成冷漠又情緒化的父親。

會用嚴厲、保持距離的方式管教孩子的人，有的深信自己的教養方式才是「快又有效」，也有的並不明顯崇拜軍事教育，卻仍然對自己的教養方式感到自豪。

「我也是被這樣帶大的，還不是好好的？」這句話反映的是他並非喜歡或推崇某種方式，但被父親用這種方式教養長大的他，也想像不出有用其他方式扮演父親的可能。

和爸爸不親沒甚麼大不了的，自己以前也是這樣走過來，會這麼做的男人就像選擇性失憶，忘記自己曾經受過的傷害，用肯定當年父親那保持距離的教養，間接肯定了自己「因而成為男子漢」的想像。

但我仔細想總覺得這當中有他們自己無從察覺的問題，**要養育孩子成為堅強的大人，從不表示一定要和父親變得冷淡疏離，那自認為自己在做對的事——彌補妻子的過度寵溺、加強孩子需要的軍事訓練——的男人，究竟是用這樣的理由賦予自己正當性，還是從未想像並且練習——用另一種方式溝通和表達怒氣？**

　　朋友問我怎麼讓先生改掉生氣時大罵、甩門的習慣讓我想了很久，因為我們家也曾有這樣的問題，在不斷地磨合修正後現在的他就是生氣時臭臉，但不會大罵、甩門。仔細想想前提應該是先生還算是能夠溝通的人，而具體的作法是，儘管很難，很累，我還是嘗試去了解他的內心。

　　——沒有辦法讓孩子聽話，讓你很挫敗吧。但那不表示你做的不好，只是孩子階段還沒到而已。針對比起抽象更喜歡數據的先生，我說了好幾個關於腦科學對於孩童心理發展的所做的研究和證據。

　　——如果可以調整一下，孩子會跟你更親一點，比你小時候跟爸爸的關係好更多，我覺得我們都可以做到比過去的家庭模式更好，化解過去的遺憾。

　　句子不同但大意是如此，要找到安慰他的方式其實並不會很難，只要回想自己在孩子不聽話又很煩，懷疑「自己是不是個好媽媽」的時候，渴望的是哪一種安慰就可以了。

　　比較困難的是在他的行為讓自己生氣憤怒時，還要提醒自己去安慰他而不是罵他或爭執，就好像被別人用言語攻擊，還要忍住自己受傷的疼痛，去對對方說「你一定很痛吧。」違背了我們的直覺和平常思考的邏輯。

　　自己覺得不快樂還要關心對方是否快樂，自己覺得孤單時還要擔心對方是否孤獨一人，身而為人我們很自然地把自己擺在前面，但要突破溝通上的僵局，卻需要我們反其道而行。

　　有時我也會給他一點壓力，印象中我說過最重的話，是用一封

信說的。

——我不希望我的孩子學到生氣時就是大吼大叫、亂摔東西。

雖然當下沒有這種感覺，事後跟好友聊到時，她說「妳不就是在威脅他不改就要離婚嗎？」但我只覺得自己在陳述事實，可能繼續惡化下去確實會離婚，但沒有這樣想也沒有這樣說，沖淡了這句話的恐嚇意味。

也還好因為我沒有這種想法所以並未把離婚說出口，有些重話，我們說出口時只是期待它有效，能夠帶來自己想要的改變，但卻只會帶來惡化而且負面的結果，「不然就是離婚」這句話就算其中之一。

我說過的另一句話好像是——如果在家裡你可以這麼做，生氣時怒吼跟摔東西，那我應該也要可以。

這句話或許喚起另一半對理想家庭和伴侶的想像，他確實就是喜歡一個跟他不同的人，生氣的時候不會口不擇言，爭吵也不會太過激烈，但我想讓他知道，再這樣下去，你會把我變得跟你一樣，而你還來得及選擇。

回想這些軟硬皆施的溝通，能夠發揮效用其實都取決於前提——他是對妻子平等尊重、冷靜下來也還算能好好對話的伴侶。孩子對父親逐漸軟化的態度也有所察覺，給他比較親密、讓他覺得還算值得的回應。

現在的辛苦，也有可能是過渡期吧。我這樣安慰我朋友。

就算不拿出渾身解數（對我來說就是所有社會學的訓練、對心

理學的研究和興趣）來理解對方、找到重點和對方溝通，也有可能在孩子逐漸長大，三四歲自制力更加成熟時，這種每天都要上演的家庭風暴就會自動解除。

但我也可以理解那種「必須要盡快解決問題」的擔憂，因為身為妻子和孩子的母親，當另一半用這種態度對待孩子，我們不只擔憂孩子的心理陰影，擔憂孩子學到處理情緒的負面榜樣，更擔憂再這樣下去，夫妻的感情將會無法挽回。

懷疑丈夫究竟愛不愛孩子的時候，也會懷疑丈夫究竟還愛不愛自己。

如果這是愛，那隨時把人留在暴風中心，讓她一個人去克服要同時壓抑脾氣和耐心教導孩子的困難，這種愛未免也太任性、太自私了一點。

那是一種把妻子的心情從伴侶的愛、男女之間互惠互助的愛，強制升級到「母愛」的舉動，因為生氣時會吼叫、摔東西、甩頭就走的伴侶，和遇到挫折就會在地上踢腳尖叫的孩子幾乎沒有不同。

想到自己在包容孩子的同時還要包容長不大的另一半，但孩子會長大，伴侶卻似乎不會改變，身為妻子所感受到的絕望可以想像，夫妻之間曾有的浪漫，覺得這個人可靠的想法都會變成過去。

因為任性而被看成長子的男人，
要知道凡事都有代價。

　　如果男人確實希望被自己的妻子完全地包容，只因為自己不想做任何的改變，那就要承受不被看成伴侶而是長子的代價。

　　一旦妻子變成家裡每一個人的母親（而不僅限於面對孩子），這種系統更新並不能取消重來，彼此會失去異性相吸的魅力，多數男人在婚姻中始終想要的性生活，也會因此而變得冷淡。

　　對於已經無意識地把丈夫看成另一個孩子，不這麼做就無法忍耐他的脾氣的妻子來說，丈夫是完全沒有性魅力的。如果在教養育兒已經夠忙碌的生活中丈夫還只會搗亂，吵著要妻子多一點關愛和配合，夫妻之間的性生活，也會被妻子看成是另一個孩子在任性討愛。

　　雖然也有人說，女人要用母愛看待另一半對性的需求，我猜是因為不喚醒自己內心最不求回報的愛，就無法忍耐在自己沒有需求的時候，還被要求滿足對方。但女人也有渴望被愛、渴望受呵護的時候，不覺得有保護自己，而總是在育兒生活最辛苦的時候要自己自立自強的丈夫，如果真的要對其發揮母愛，應該會有懲罰他的衝動，而不會想要滿足他的願望。

　　就像用取消獎勵來懲罰不聽話的孩子。有的妻子甚至直接把做哪些事才能換一次性愛像獎勵制度那樣的公布給丈夫知道。更多的是覺得既然你不體諒我，我也不用體諒你，因此直接取消性生活，當然也有人會勉強自己配合，但因為看待丈夫的眼光改變，難以享受性的歡愉。

　　該安慰朋友「等孩子再大一點就會好了」，還是建議「要趕快

解決問題」，我有點猶豫。因為身為外人我並不知道他們的情感存摺有多厚，每段婚姻對於外人來說都是秘密，甚至對於當事人也一樣。

你永遠不知道你的枕邊人消耗了多少過去存下的感情貨幣，像在撕下日曆那樣一頁接著一頁變薄，當一切歸零時就要轉身離去。

我們不知道對方對自己累積了多少失望，也不知道自己對對方的失望能承受多少和多久，唯一可以確定的是每一次，當感覺到自己被獨自留在某個困境當中時，我們就感到失望，對感情、對當初選擇這個人做另一半、做自己孩子的父母感到懊悔。

教養方式不一定要同調但不能失去某種平衡，那種平衡不是簡單的一個扮黑臉一個扮白臉，好像一個人越黑另一個人就要越白，而是有著不同的特色但都能稍微向對方靠攏，帶著對自己做不到的事情的一點欣賞，然而當兩者的差異大到超過某個範圍時，就要趕快努力拉近距離。

而最重要的是還要顧及另一半的心情，不要以為教養只是親子之間的事，而無關於夫妻關係。遇到困難就表現出不關他的事，把母職無限上綱到「孩子本來就是媽媽一個人的責任」的丈夫，會在他們自己也不知道的時候，用犧牲婚姻幸福，作為這種「相對自由」的代價。

「一開始就不該找這種人結婚」，
這種話沒有意義。

教養孩子是困難的功課，和另一個人一起教養孩子更是困難，因為那不只牽涉到我們對孩子、對自己的理解，還包括在負擔已經很沉重的時候，還要再去努力理解第三個人。

我曾經在氣到又累又煩時躲回房間，驚訝地發現先生並不是沒有溫柔的潛力，他能夠在我煩到脫離現場的時候代替我安慰孩子，有可能是過去他以為不需要，以為溫柔的角色已經完全被母親奪走。而身為父親的溫柔就對他越來越陌生。

即便是非常偶爾地退出戰場讓他知道「太太也有極限」，不是永遠都能做到獨自面對不講理的孩子還發揮耐心，對彼此的互相了解也會有幫助，對發脾氣的先生說：「你幹嘛這樣啊孩子又還小聽不懂」，反而會讓他覺得妻子只會站在孩子那邊，而無法理解他的憤怒和失控。

然後，他就會更因為想要抗拒孤軍奮戰的感受，認定這個家只有自己懂得甚麼叫做紀律，而用變本加厲的嚴格來對待孩子。

有的人永遠站在原地憤怒或委屈，等待別人來理解他，好像他內心也有一個極為柔軟的痛處，是他自己不敢也不想去揭開的。

我不知道怎麼卸下這種人自我防備的武裝，在問題發生時，「必須做點什麼」的想法，也讓我很快地就想到「為什麼努力解決問題的又是我」，而覺得心裡委屈。

　　但親密關係的問題就好像兩個人在對打桌球，拍過來拍過去，只會來來去去但不會消失，當對方似乎永遠不可能理解，好像也從來不曾想過，轉身離去會讓另一半多麼孤單的時候，除了自己，好像也沒有別人能代為打破僵局。

　　先生曾經在生氣時對我說「我就是沒辦法和妳一樣！」讓我突然體會到他的挫敗，身為父親他不是不想要做得更好，但孩子的反應、我對他教養方式的不能認同，好像都在指責他還是不夠努力。

　　想像著因為挫敗而躲起來的他心裡有多麼孤單，被我們母子排拒在外，而那明明是我也能夠理解的感受，我們都想要當很好的父母，但孩子的回應卻往往不如預期。

　　「我們一起努力，好不好？」在孩子還小，讓我最感辛苦的那段時間，我曾經無比渴望另一半這樣安慰我，但時間過去我逐漸明白，**有時候最想要聽見的那句話，必須自己先說**。

　　必須像鼓勵自己那樣鼓勵別人，像努力理解自己那樣，努力地理解對方，只要兩個人一起一定會有更好的方法，就算不知道該怎麼做，也可以一起等待孩子的風暴期趕快過去。

　　有了孩子之後婚姻確實會變得困難，因為比起過去在外各自努力，回到家裡就是放鬆的階段，孩子給我們帶來共同的難題。但也是在這種時候，**婚姻呈現出真實的面貌**，因為性、激情、物質條件而結合的關係難以長久，彼此願意不斷溝通、放下身段去維護一個「共同體」的誠意，才能決定婚姻關係的品質和存續。

　　對對方可能讓我們默默離去的行為要保持警覺，提醒對方，但

不是攻擊。因為我們每個人都有所不足，人總有缺陷，而不能全從惡意來加以解釋。

　　這種時候可能要喚起選擇這個人共度一生的初衷了，相信這個人沒有那個意思、也沒有企圖要傷害自己，傷害之所以造成是因為力有未逮，是否能夠這樣想，則取決於對自己伴侶的信任和信心。

　　就像孩子在生氣時的無理取鬧，我們不會覺得那是為了傷害我們，只是我們確實會感到受傷，我們必須讓他知道一定有比這更好的方式，同樣地，面對遇到挫折總是甩門、對孩子發怒而轉頭離去的伴侶也一樣，重點是我們必須在一起，而「在一起」就是婚姻的意義。

　　對單身的人來說，「一開始就不應該找這樣的人結婚」，但結婚生小孩的人就會明白，不是每件事情都能在婚前看得清楚。就像女人會在有小孩後明顯發生改變，男人也會在做父親之後，才展現出他「做父親的樣子」。

　　對於對方過去未曾向我們揭露，可能自己也不甚了解的嶄新的一面，用什麼心態去理解和相處，考驗人的智慧，還有為了這段婚姻，要付出多少努力的決心。

　　而那絕不會是容易的事，因為沒有人能保證努力會獲得回報。

　　就像人生中其他事情一樣，只能問自己，覺得這是不是值得努力的目標，決定用什麼方式努力，並且接受可能不會盡如人意的結果。婚姻和人生中其他事情，我覺得在這一點上是一樣的。

所謂夫妻，
就是要一起經歷
「不理想的生活」

或許就是曾經經歷那些，甚至會在心裡懷
疑，彼此的愛情是否還存在的日子，對於婚
姻會有高低起伏，不是跟對的人結婚，幸福
感就能持續漲停的這項事實，好像也更有能
力去接受了。

　　每天早上，送孩子去上學之後，就是我一個人在家寫作的時間。我可以盡情地寫，寫到頭暈腦脹、腰酸背痛，才站起來為自己煮個簡單的午餐，吃飽，休息一下再繼續。有靈感的時候我會盡可能全心寫作，沒有的時候我就多完成一點家務，採買、備料、打掃，直到小孩和先生回來。

　　雖然寫作的收入並不穩定，多數時候我只是一直寫，也不確定出版的機會何時會到來，但是能夠用自己的步調度過大半天的時間，即使有著「這樣的生活能持續多久呢？」的些許不安，還是感覺自己相當幸福。

　　在過去有很長的一段時間，應該是從青春期之後，就非常的想要跟別人一樣。特別是聽到父母說什麼職業好、收入穩定有多麼重要、誰誰誰都在哪裡上班了，就會覺得那樣的生活才叫「正確」，努力想把自己塞進一個主流的框框裡。

　　只要覺得不適應或者痛苦，就會懷疑是自己不好，大多數人都能適應的辦公室文化自己卻適應不來，或者表面上看來適應，其實心裡根本無法想像一直這樣下去，我時常懷疑是自己太過幼稚，認為忍耐才是大人，所以總是在隱藏自己真實的想法，努力的想要「和大家一樣」。

　　就這樣一直持續到三十歲成為母親，而且是全職母親，反倒讓我開始想要珍惜時間，做自己想做的事了。**為人父母是一個能讓人徹底轉變的人生經驗，度過一段全職帶小孩，徹底不被別人看見的生活，我才發現，其實根本沒有人在乎我是不是跟別人一樣。**

　　突然想通過去一直無法認同自己的癥結，就像保羅‧科爾賀在《維若妮卡想不開》裡，讓精神科醫師講的一段話：「妳是一個和別人不同的人，但是妳卻要和別人一樣。在我眼中，這才是一種最嚴重的病。」

　　明明是很久以前看的書了，對這段話也默默喜愛到這麼多年依然可以背誦的程度，卻是在成為母親、做自己的時間越來越少之後，才懂得把握這句話，讓它給我「接受自己和別人不同」的勇氣。

　　短暫工作，經歷過工作和家庭的拉扯之後，我重新定位自己的目標是全職寫作的家庭主婦，能夠用自己的步調朝這個方向努力，我覺得這樣的生活就是幸福。

　　儘管這樣的幸福就和其他事情一樣，不知道是否能夠達成，也不知道能否持續，但不再糾結於自己和別人不同的我，覺得不管過去如何，未來又會有什麼變化，當下的幸福就是幸福。

　　結婚後有機會實現這樣的生活，也對另一半感到感激。雖然每個人都抱著婚後應該要能過得更好的想像踏入婚姻，但已婚的年資久了就會自然知道，要能在婚後維持自己原本喜歡的生活，甚至是實現更喜歡的生活，需要非常多的條件配合，除了彼此的誠意和努力，也還是有運氣的成分。因為這樣看到網路上有人說：「如果沒有過得更好，那我幹嘛結婚？」覺得某個角度來看是有道理，人不是為了為難自己，或者明知道會過著每況愈下的生活而結婚的，但如果這句話從已婚者口中說出來，好像那是一個想要回過頭去，註銷這段婚姻的理由，就會覺得有那裡不對勁。

誰能保證結婚後一定過著更好的生活呢？人生所有的保障都是不確定的，可以把握的只有自己。

談戀愛時嚮往的理想婚姻，多半是不切實際的。

在婚後第一年，曾經因為某件意外，先生付出了所有存款才解決問題，剛辭掉工作，試著朝接案工作者目標邁進的我，也被長輩期許（或說要求），去考自己毫無興趣的公務員。

受到這樣的壓力，還有想替先生解決問題的心情，我開始一邊翻譯，一邊翻看高普考教科書。想到未來卻覺得茫然，考試、背誦標準答案，這類事情從學生時代就難不倒我，所以幾乎是我一說「好，我去考」，家族中所有人都相信我會考上，就連我自己也這樣認為。

可是那不是我要的生活，我很難想像一旦踏進某個辦公室，至少要等三年才能申請調動，也對即使個人效率再高，也必須朝九晚五、和同事比賽加班的職場文化很早就感到厭煩。

尤其又是完全沒有興趣的工作內容，如果是跟文字有關的或許還有興趣……就這樣，我一邊覺得自己「只想著自己想要什麼，真的很自私」，一邊被動地扮演考生的角色。

那段時間和先生的相處，現在想起來也耐人尋味。聽到我答應

去考，感覺經濟擔子即將減輕的他，當然有高興的成分，但是他也覺得內疚，結婚沒多久就打破了「婚後妳依然可以做自己想做的事」的承諾，讓自己的經濟狀況影響到我，也讓他感覺男人的自尊受到傷害。

那應該是我第一次真正體會到「我們結婚了」的事實。

結婚並不是拍完婚紗照、辦完登記、辦完喜酒就算是完成，在經歷共同的考驗之前，我們的心態其實還像是未婚，也像一對情侶終於開始同居，只想著每天要一起吃些什麼、周末要去哪裡，為新家添購家具……那像是扮家家酒一樣。

首次遇到問題，而且是突然這麼大的資金缺口，我才突然明白從此之後，一旦對方有什麼狀況，自己不可能置身事外。

還在談戀愛時，不管是什麼狀況，多半也只是拍拍彼此的肩膀，說幾句話安慰鼓勵後，就各自回自己的家。

但是從結婚開始，對方缺錢就等於是自己缺錢、對方生病就等於自己要照顧、對方沒有能力實現原本的婚前承諾，自己就要努力學習適應（當然，也有人會重新考慮這段關係的存續）。

結婚，並不是單身者認為最理想的愛情狀態——跟這個人在一起的時候，能更接近真實的自己。而是相反，因為彼此的生活緊密相繫，也有互相支援的責任和義務，有些時候不要說做自己了，稍微任性一點，都可能讓自己感到負疚。

當然，結婚也不是單方面地受到對方影響。

自己的經濟條件、健康狀態、和家人朋友的關係也會擴散，所

謂擴散就是把對方拉了進來，夫妻很難在一個屋簷下只是各做各的事情，過各自的日子，講白一點，我們都有可能彼此拖累。

接受這種「可能」會彼此拖累，而不能過自己想過的生活的事實，一切都不再「盡其在我」而需要另一半配合的意識，是結婚之前就應該要有的覺悟。不過這種想法多半是在婚後才產生的，可見得人在面對生活的時候，總是經驗比理論先行。我們總是讓生活教會自己什麼而不是相反，在事情發生之前所做的心理準備，總是在事情發生時，才會發現還遠遠不夠。

而我也是在當時，才發現人一旦不能過自己想要的生活，至少是能夠適應的生活，在情感上要對別人柔軟，就會變得如此之難。

我察覺到自己的自私，不只一次想著早知如此，絕不會在此時結婚，但這種想法又讓我無比羞愧，好像我根本就不夠愛他，我以為是足夠的愛情讓我想步入婚姻，卻是遇到現實的一點點考驗，就發現自己的準備是如此不足。

我準備好承擔另一個人了嗎？

準備好把我們的生活綁在一起，只要明白對方也不願意如此，就能做到體諒，改變自己去配合現狀嗎？

我好像是看了太多心靈雞湯式的、對理想婚姻的描述，讓那些憧憬帶著我走進婚姻，奇怪的是我還自認為自己足夠務實，一直以來，時常看父母爭吵的我，認為自己對婚姻並沒有不切實際的想像。

基於責任感，在和對方相處的時候，我會要求自己體諒，並且做出毫無埋怨的樣子，但是心裡卻不斷反省，自己過去對結婚的想

法真的太過幼稚，我好像應該在自己更有能力可以幫助對方，同時又不需要改變自己的時候，才踏入婚姻。

但那種想法其實也是不切實際，就像我的一位大學教授，眼看我們這些年輕人都老大不小了還只是戀愛，他總是說，「錢？錢永遠都不會夠。心理準備？準備好了才要結婚生小孩？我跟你講，你永遠都不會準備好。」

我們都會想要在準備周全，風險降到最低的情況下才去結婚，但是人生沒有「沒有風險」的時候，先生一直以來都相當節儉，誰知道那一筆在我們看來不算少的存款，遇到問題也是瞬間就見底了。

夫妻是必須共同面對風險的一種關係，就算只是基於義務和責任感而這麼做，我也感受到婚姻將兩個人綁在一起的力量遠比愛情還大，人們雖然歌頌愛情，但是一旦愛情讓自己不快樂，就少了堅持下去的力量。

但已經是夫妻了，在事情發生，先生因為沮喪而躲在被窩裡，用棉被把自己的頭蓋住跟我講話時，我立刻覺得自己有責任義務，要讓這個人從挫折中振作起來，抱著他的頭安慰，讓他知道自己並不是一個人。

身分的轉變會讓我們逼自己去做很多事情，雖然偶爾也會懷疑，自己能做多少、撐多久，但我是到那時才開始懂了，結婚，本來就不只是為了「過自己想過的生活」而結的。

結婚前，多想想「缺錢時怎麼辦」是應該的。

錢很重要，雖然不能為錢結婚，男女朋友交往總是會聽見父母的告誡，雖然修辭不同但大意是如此——貧賤夫妻百事哀，人如果沒有錢，會變。

正在熱戀中的人當然聽不進這種話，雖然朋友中也有非常清楚知道錢的重要，在交往之前就把對方的身家都調查清楚，年薪低於多少就不結婚的人。但或許是我跟先生認識的時間很早，年紀還輕，當時整個社會的景氣都不像現在這樣悲觀，總之，我們的心態還是「只要認真工作，不可能太過貧窮」。

而現在卻不太一樣了，景氣好幾年前就在走下坡，家境普通、賺錢能力普通的我們已經交往很久，從沒有想過要為了可能的經濟危機而分開。

真正的互相負擔都是從結婚後才開始的，感覺無法過自己想要的生活時，才有種真的已經結婚了的覺悟。

這讓我在看見很多如何尋找伴侶、或者是根本不應該「尋找」伴侶，而是把自己過得精采，「對的人」自然就會出現的文章，還有許多「在一起，是為了讓彼此更好」、「讓彼此擁有互不打擾的空間，才能保有理想的愛情」等等的主張，都會有種已婚者才有的納悶。

把自己的生活過好、全心全意經營自己想要的生活，理想伴侶就會自動出現嗎？進一步，在「那個人」出現之後，我們確認他是

不是「對的人」的方式，真的是用「自己是否能持續保有理想生活」嗎？講得更明確一點，跟一個人在一起，不管有無結婚，會讓我們無法過上自己想要的日子時，就表示這個人不是對的嗎？

雖然結婚的人一定都是認為，「這個人是對的」，和他在一起，能讓人對未來有所期待，是有這樣的想法才選擇結婚，但保有自己理想的生活，並不是跟對的人結婚，就能夠獲得充分保障的事情。

明明不是自己的理想，卻為對方做出讓步和妥協。這件事情時常被描述得很悲哀，很多人強調，這就是不應該踏入婚姻的理由——婚姻讓人扼殺自己、放棄理想、最終變得庸庸碌碌，一切煩惱都僅限於一個屋簷下發生的事情，是那樣的庸俗和平凡。

但我覺得在變得悲哀和理當如此之間，有一個非常主觀的界線，每個人的感受都不一樣，所以沒有標準可言的界線。

我們當然是相信和某個人在一起，可以共同追求理想的生活，所以才做出結婚的選擇，但所謂的考驗就是當兩個人都感覺實現理想的機會渺茫，而且是因為兩個人在一起才造成的，究竟該重新適應新的目標、努力去接納「和想像中不一樣」的生活，還是揮手道別，讓彼此有機會回到各自單身時的道路。

這當中的選擇牽涉到每個人對愛的定義，也未必就表示愛得「深淺」，並不是堅持跟對方在一起而勉力改變自己，才叫做愛得很深或很真實。留下來是一種愛，分開可能也是。

夫妻必須一起經歷「不理想的生活」，才能真正認識到彼此會用什麼方式面對挫折。貧賤夫妻百事哀是因為人很難不彼此怨懟，

疲憊、勞累、和不知何時能夠好轉的經濟壓力，會讓人很難溫柔地面對彼此。

但完全沒有經歷過這些，也是一種潛在的危機，會讓人無法知道在彼此都最難相處的時候，因為各種壓力，所有浪漫和激情都被推出了生活的時候，是不是還會盡力地彼此諒解、相互包容。

結婚本來就是一個充滿風險的選擇。

旅遊生活頻道有好幾個挑選婚紗的節目，我很喜歡看那些待嫁的新娘，描述她們認定對方是真命天子的理由。內容大同小異，多半是：他會逗我笑、他讓我成為更好的人、跟他在一起總是很輕鬆、我們總是很開心……

我很能認同對於伴侶應該要有這樣的感受，如果新娘描述的是：對方總是讓我哭、讓我感覺自己很不好、在一起很有壓力、時常很不開心……相信所有人都會說不應該結婚。

但結婚並不保證這種感覺會一直延續，就像婚姻關係並不單純只是戀愛關係的延續，婚姻的起點多半有愛，但包括愛在內的一切，都可能會因為身分的轉變、婚後才經歷的事情，而改變成不同的樣子。

共同生活所需要承擔的辛勞，可能讓彼此不再那麼常逗對方笑，在忍不住發脾氣或者講出自私的話之後，也可能驚覺自己並不是那

麼好的人。在一起時會因為要顧慮對方當下的狀態,而變得不那麼輕鬆,朝夕相處,同時必須納入對方家人的生活,也會讓人感到不開心、甚至很有壓力⋯⋯

這些發展其實都很正常,婚姻裡沒有忍耐和不愉快的時候,其實才令人難以置信。

只是當婚後生活距離自己的理想越來越遠,甚至失去了曾有的溫情時,該為這段關係留下來或離開,是個人的選擇。

我很贊成不要一結婚就馬上懷孕生子,雖然現在大家都晚婚,要保留一點時間體會兩人世界都很困難,但理由也正是如此。

在為人父母,讓原本身為伴侶的角色因此更加複雜之前,我們都應該有一點時間,適應從戀人到配偶的身分轉變。

同時,在這段時間有一些考驗也很好,讓人可以更加認識自己,明白自己走入婚姻的真實心態,讓「結婚,就是為了在一起的快樂能夠延續」的幻想破滅,認識到結婚其實是一個充滿未知風險的選擇。

許多人描述已婚者(尤其是女性),都把她們說成是「為了追求安全感」而結婚,但我覺得非傳統的女性並不做如是想。只要認真思考婚後生活的轉變,女性在婚後必須對抗的傳統包袱,就會覺得結婚根本是一種冒險。

比起單身、工作還算穩定,可以負擔自己各種開銷的生活,因為結婚而必須去承擔另一個人,讓另一個人對自己的人生造成永遠無法消除的影響,才是一件充滿未知和不確定性的事情。

　我曾經以為我是十足相信對方，並且感受到安全感和穩定才結婚，卻是結婚後才意識到，或許真實的自己，只是想知道結婚究竟是什麼樣子。

　並不表示我準備好迎接各種風險，我連可能會有哪些風險都無法徹底預期，但是比起穩定不變、幾乎可以預測未來發展的，原本的我的生活，或許我是選擇了自己無法想像，也會擔心自己無法承擔的未來。

　一邊懷疑自己無法承擔，不知道自己能過著不那麼喜歡的生活多久，一邊覺得身為妻子的我理當這樣做，就是不捨得讓對方像單身時一樣獨自面對困難。偶爾覺得自己實在不是一個現代女性愛自己的典範，那種形象好像真的只有單身者才能夠符合，但被用傳統來形容時，也會莫名地覺得不悅。

　結婚啊，是讓各種未曾經歷和想像的考驗進來，對於自己曾以為絕對無法適應的生活，能夠有些許的進步，就會覺得被婚姻開啟了自己未知的一面。

　跟對的人在一起，並不一定會覺得更接近真實的自己，如果說真實的自己暗示的是順從自己的心意，並不偽裝、也無須壓抑。

　現實是無論跟什麼樣的人在一起，在一起就會有必須忍耐真實想法，以「關係中的自己」為主語，或者說，以「不破壞關係」為優先的時候。

　這樣的付出是否值得，或者是充滿悲哀和無奈，並不能一概而論。已婚者並不是一個相貌模糊而大致相似的族群，每段婚姻的內

在都截然不同，有人視婚姻中的付出為喜悅，也有人純粹出於責任感而不得不然。

而最常見的是一種矛盾，一方面能夠認同自己為對方付出、為關係妥協，覺得是自己應該做的事，同時也是夫妻之愛的表達。但是另一方面，也會擔心自己是不是太輕易做出讓步，放棄自己的理想生活，這樣的付出會不會終有一天，證明了不會有值得的回報。

幾年後的現在我重新找回了自己理想的生活，體會到人生永遠充滿變化，兩個人之間的關係，也因為有過那段彼此都無法說出真心，只是各自煩惱的日子，似乎變得更穩固踏實，在那之後發生了初次懷孕、流產、迎接新生兒，又是另一段說起來並不理想，兩個人也絕非心心相印的時間。但我好像不那麼排斥「不理想的生活」了。

我想或許就是曾經經歷那些，甚至會在心裡懷疑，彼此的愛情是否還存在的日子，對於婚姻會有高低起伏，不是跟對的人結婚，幸福感就能持續漲停的這項事實，好像也更有能力去接受了。

儘管婚姻關係讓自己不可能過得隨心所欲，從某個角度來看，就是不符合現代愛自己、追求理想自我的潮流，但也會覺得自己雖然不那麼像自己，卻是比以前更有毅力為別人付出，讓現實、責任、義務……種種聽起來就不那麼輕盈討喜的字眼，逼自己做出改變。

雖然不是以理想的自我為目標，處處都像是以關係為優先、以對方為主，卻在無形之中，讓自己變成一個更懂得珍惜理想生活的人了。

　　理想和不理想總是交替的出現，在婚姻讓自己感到責任沉重，感傷於幸福並不是人生常態的同時，也會意識到既然如此，當下感受到的不幸、不快樂、無奈和沉重，也不會永恆不變。

　　結婚六年，還算是資歷尚淺的我，回想起來還是很珍惜曾經有過的不理想的生活，不管是吵架、衝突、不得已為了家庭做出改變和讓步……它讓我對婚姻不再有浪漫的憧憬，在現實中感覺幸福的時刻，卻比過去沒有經歷這些事情之前，還來得更為踏實。

　　下一段不理想的生活什麼時候會來呢？說期待就太矯情了。但我已經能比之前勇敢，因為在那之後，又會有一些新的什麼在等著我。而我對於改變，已經能夠抱持相對開放的心態。

　　當然，對彼此能夠共同度過難關也有更多的信心，那就是曾經一起面對困難的收穫。

剛強易折，
但我們都
失去了溫柔

我們其實是做不到公平的，除非彼此是不相
干的人，渴望對方體諒自己，從另一個角度
來看，就是自己不想或不能體諒做不到那些
事情的對方。

　　有了孩子之後，我們都很容易犯一個錯，就是把夫妻之間的警訊和問題擱置一旁，只對孩子溫柔就好、只注意孩子的問題、只在跟孩子相處時小心。

　　因為我們實在無暇注意彼此之間有些什麼，沒有時間解讀對方的訊息，各自的工作太過忙碌，教養也不能疏忽，跟其他家人的關係也不能不謹慎處理，有些家庭還有老人要照顧，這一切日常事務加在一起，夫妻是什麼？不就是期盼互相幫忙嗎？

　　這指的是「自己知道自己該做什麼，並且把它做好，不要再來增加任何其他任務。」

　　但這種想法對於親密關係的維繫來說也是錯了，儘管是不得已的但還是錯了，因為親密關係的品質需要雙方的投入，但生活讓我們心有餘而力不足，所以只能眼睜睜看錯誤發生，不能去直視而且承認。

　　最常發生的情況，是在溝通中反覆出現「體諒」兩個字，反覆的說著「為什麼你不能體諒我？」或「為什麼我一定要體諒你？」選擇性地忽略這兩個不同立場的發言時常出於同一個人，因為說話者無論是自己或對方，都是一樣的自相矛盾。

　　已經好累好累了所以想要被體諒，想要對方默默地把他／她該做的事情做好就好，不要再對不夠溫柔的自己有更多指責，但自己其實也沒有辦法體諒對方，對對方還是有溫柔的需求，總是壓抑不住心裡的渴望，你／妳可不可以除了做好該做的事情，感情上還給我多一點，再多一點？

　　我們其實是做不到公平的，除非彼此是不相干的人，渴望對方體諒自己，從另一個角度來看，就是自己不想或不能體諒做不到那些事情的對方，而事實是在生活當中彼此都已經力有未逮，沒有人有罪，所以不可能成功的究責。

　　最理想的情況是我不說你也懂我，你不說我也懂你，我們對彼此的體諒彷彿輕鬆又自然而然，但現實是我們都只懂了自己對對方的不滿，在心懷不滿的時候體諒對方變得更加困難，而那些不滿反過來，也和對方對我們的不滿並無二致。

　　退而求其次、其次、再其次，「只要能對孩子溫柔就好。」在被生活和工作剝削得體無完膚的時候，婚姻中的親密關係就這樣逐漸風化，剩下堅硬的骨架而其餘千瘡百孔。

　　剛強易折，但我們都輕易失去了溫柔。

妳在婚姻裡
當女超人嗎？

婚姻是把兩個人的故事寫進一個更大的故事
裡，生養小孩更是讓故事的發展加倍複雜，
一個人獨自突破萬難、克服一切的劇情雖然
動人，對於已經選擇結婚、建立家庭的人來
說，卻會是令人感傷的故事。

　為小孩的事情感到煩悶、擔憂的時候，就會懷疑自己是不是不適合生小孩，又或者是因為只有一個孩子所以太過緊張，如果有兩個或三個孩子，心臟就能練大顆一點吧？但是如果問題是出在我的個性，那可能只會變成兩倍、三倍的煩悶和擔憂？

　話又說回來，究竟有誰，會覺得自己「適合」生養孩子的呢？

　具體的身體狀況、經濟條件當然很重要，但是當這些基本條件都配備時，我在猜，還是很少人會覺得自己「適合」吧。

　不只是沒辦法確定孩子的未來，當下也有很多感到挫折無助的時候，有時候我覺得這就是擁有伴侶的好處，不是說他每件事都可以參與解決或商量，只是因為他和自己的角色最為接近，和自己一樣是孩子的父母，孩子帶來的挑戰和壓力，就有了另一個可以理解和體會的對象。

　把標準降到最低只是一個可以傾聽和聽懂的人，再好一點希望他能感同身受，其他人，因為跟孩子的關係都不同，會很自然地形成局外。

　但也正是因為如此，如果另一半的態度是置身事外，彷彿孩子對母親造成的困擾都不是他的困擾，甚至連百分之五十都不能體會，伴侶之間應該有的那份夥伴情誼，大概也更容易轉變為恨吧。

　這個世界上原本應該要最理解自己的人，就算這世上本來就沒有絕對的相互理解，在孩子這件事上，這個人也應該因為站得最近、看得最多，而最能夠和自己的心情靠攏，結果卻是相反。這種期待和結果的落差，是最難以承受的失望。

　　對方因為想保護自己的情緒不受波動，希望生活不受干擾，搬出各種「孩子本來就是媽媽的事」、「要不然讓其他人來做」的說法和外包方案，在最近的事情上選擇保持最遠的距離，就是在那種時候，孩子帶來的問題會迫使著成為母親的女性自問，在選擇伴侶的時候，是不是被愛情蒙蔽雙眼，才未能看清他如此自私。

　　在我訴苦完孩子的事情後，先生總是會說「辛苦了」，雖然只是淡淡的一句話但至少沒有否認我的辛苦，那時就會覺得「日子還是要過下去」，把自己的注意力從剛才的事件上轉開，或者是，暫時地裝作自己可以承受，然後再大的壓力也就這樣，所需時間或長或短，但終究是過去了。

　　而回頭去看又覺得女人要的何其簡單，竟然一句「辛苦了」我就又克服了，就算是那些一再懷疑自己「不適合生養孩子」的事件，也能夠轉化為「又有誰適合呢」，一種自問自答的釋懷。

　　但就是因為自己要求的如此簡單，如果對方一句「辛苦了」都說不出來，只是唯恐妻子會把這種煩悶轉移到自己身上，所以選擇保持距離地「批評指教」的伴侶，就算只是一句淡淡的「哪個媽媽不是這樣子的？」都會變成足以讓人抓狂的打擊吧。

　　沒有辦法意識到自己的回應，就像在疲憊和承受著壓力的媽媽身上投下原子彈的男人，還可能進一步指責是對方「太情緒化了」，這種思考和感受上的隔閡，想起來真是悲哀。

心寒會習慣，獨立也會習慣。

回想起來我也是在婚後和另一半發生了許多事情，才逐漸養成了他會説「辛苦了」的習慣。之前無論我訴説的煩惱再怎麼與他有關（至少在我看來），他也是看著電視、手機，或者睜著大大的眼睛無辜地看著我，只差沒有説出「為什麼要跟我説」而已。

戀愛時希望拉近兩人的距離，因而什麼事情都表現出有興趣的男人，婚後就會變成「有事上奏，無事退朝」，偏偏每件事都被他認為是女人自己的事，所以沒有必要和他提起吧。

順帶一提，**已婚女子沒事時最不應該做的，就是對照男人婚前和婚後的態度，如果實在忍不住，切記保持幽默，否則就會因為嚴重的今非昔比而感到受傷。**

總之，男人這種與我何干的態度，如果沒有孩子，女人還可以自己習慣。我總覺得多數女人應該都是在婚後，感覺到自己其實有能力做優秀的單身女性。婚前就做到獨立自主的女性在婚後還可以更加地獨立自主，甚至連情感需求都自食其力（託付給韓劇、對現實斷念也算是一種方式吧），然而在有孩子之後，卻不可能、也是不應該，任由對方用這種態度和自己保持距離。

因為那也會習慣。

心寒會習慣、獨立會習慣、在孩子帶來的各種挫折和煩惱面前，變得強悍也會形成一種習慣，然後，兩個人就會漸行漸遠了。

在為孩子的事情感到煩惱，明明只是一件小事，卻無法不懊惱

自己是不是「不適合生養孩子」的我，想來未來數十年，還有無數次這種因為孩子之間的關係，而感到受傷或困惑的時候。

唯一可供安慰的是，在我長篇地敘述我感到的困難之後，先生淡淡地回我訊息：「妳辛苦了。」

他只要一句話，就讓我覺得至少站在了我的旁邊，然後我又更有能力和意願再去努力，這樣想來，真不知道是這句話本身的力量強大，還是我自己的潛能無限了。

對彼此的態度，是親密關係裡
最值得研究和改進的

人們總說，女人要的不多，不過是一句關懷而已。而我總是略帶不平地想，「就是這種想法，讓女人付出好多卻只能得到一句關懷啊！」但結婚有孩子之後的生活就像一面只說真話的鏡子，不會說錯話、做錯事、拿捏錯誤的距離的男朋友就跟粉紅色泡泡一起消失，溝通和暗示他說出一句關懷也花了這麼久的時間，現在的我也不得不承認，一句關懷的分量其實不容小覷。

在人與人最親密的關係當中，因為距離，言語可以形成無可閃避的利刃，也可以化作讓人感動的力量。對於那句傳送其實已經很多次，當事人都在懷疑「我除了說這句以外也不能做什麼」的「妳辛苦了」，我還是覺得就是經過這段時間的溝通，彼此身為伴侶，

也是育兒路上的夥伴的關係，還算是在往正確方向前進的證明。

　　沒有人天生適合生養孩子，所以在為人父母這條路上，也沒有誰天生就是彼此適合的夥伴，讓彼此心寒的話語我們不可不慎，更要嘗試去清楚溝通，在面對這件事情時，兩人應該有的態度和距離。

　　麻煩的就是我們會太害怕對方的反應，害怕再度被對方駁斥，所以把令人心寒的態度都吞了下去，不是覺得忍一忍就過了，而是悲傷地想著「事情只能這樣」，高估了自己對於寒冷的忍受力。

　　在對方保持距離的時候提醒他應該要站近，被對方指責做得不夠好的時候要說「因為我需要你的參與」，溝通是必要的，只是也要有所覺悟的是，溝通協調，並不能解決所有婚姻的問題。

再怎麼擅長溝通協調，
也有不能改變的事。

　　有時候對象錯了就是錯了，就像韓國的兩性作家南仁淑曾說的，再優秀的廚師也沒辦法拿腐敗的食材做出好的料理。每次有網友私下對我說，對丈夫的自私感到苦惱，有沒有能夠改變對方的方式？我都會想起這句話。

　　雖然不是找到一個「對的人」，婚姻和家庭就會一帆風順，但如果對方真的是「錯的」，我所謂錯的是對方並沒有珍惜這份感情，遇到問題沒有共同解決的誠意，抱著把一切負擔都推給別人的心態，

那麼再多的溝通技巧、諮商談判，可能都沒有辦法把失衡的關係拉回正軌。

　　而和一個普通人結婚，彼此要建立並維持良好的關係，也還是會不斷面臨新的挑戰，如果不做好溝通協調，就沒辦法共同解決問題。

　　不好的對象很難變成好，浪子回頭的故事許多都是傳說，故事背後是一個甘願用自己的人生下賭注的女人，但好的對象卻可能輕易變成壞。我們很難確定自己是否足夠聰明且幸運地找到好的對象，唯一能把握的只有溝通的努力和誠意。

　　尤其在有了孩子之後，為了讓自己能夠勇敢的面對困難，更需要能夠和自己站在同一陣線的人。

　　讓自己感到心寒的另一半、逼自己越來越強悍和獨立的另一半，好多超人媽媽就是這樣被逼出來，但從平凡人變成超人，就是放棄了平凡的幸福。

　　我寧可做一個平凡的人，在育兒路上還有伴侶的一句支持，有時覺得自己能做的竟然比預期的好一點，為自己感到驕傲或雀躍的時候，還有一個人可以分享這種喜悅，因為他也有所參與。

　　婚姻是把兩個人的故事寫進一個更大的故事裡，生養小孩更是讓故事的發展加倍複雜，一個人獨自突破萬難、克服一切的故事雖然動人，對於已經選擇結婚、建立家庭的人來說，卻會是令人感傷的故事。

　　婚後該用什麼方式拉近和對方的距離，絕對不像在婚前那樣，

如何相互吸引的情節那麼浪漫，而是非常的實際，充滿了壓力和潛在的衝突。但是在人生路上，清楚知道自己有一個人並肩同行的感受，還是會讓溝通上的挑戰，變成值得克服的困難。

　　那一句「辛苦了」，是我努力溝通得來的成果，適時提醒對方該說這句話了，也是對彼此關係的誠意和努力吧。

結婚，
是和父母的
獨立戰爭

不是我們不想要獨立，是我們如果堅持自己的想法，和父母就會產生衝突，這些衝突沒有辦法就事論事，在以儒家文化為背景的華人社會裡，只要和父母意見不和就可能被扣上不孝的帽子，被說是背叛、忤逆、更讓人傷心的是自己對父母的感情可能會因此被否決。

　　婚後第五年的年初，因為過年的事情和父母起了衝突，當時我哭了幾個小時，最終的決定是退出。時隔一年多以為自己已經忘記這件事情，或是只記得事情而忘記傷心，回過頭來看自己當時的日記，卻還是看到眼眶泛淚，想起當時心裡的酸楚。

　　這讓我想到，決定結婚的時候，一直以為自己只是被莫名的衝動驅使，或者是像很多人所說的，因為有穩定的交往對象，對方想要結婚所以結婚，可能都只是一部分的理由，對於在原生家庭沒有辦法時刻感到放鬆的人來說，結婚最大的吸引力應該是——建立自己的家庭。

　　在以結婚以外的形式，像是長期同居、多元成家、朋友互相扶持、甚至是人與寵物所組成的家庭，都還不被普遍認可，也不被賦予合法地位之前，結婚，是我們唯一能建立自己的合法家庭，並且獲得別人承認的方式。

　　不是擴大或延伸自己的原生家庭，也不是增加家人，而是重新建立一個新的、獨立於原生家庭的新的組織，在想起和父母的衝突讓我多麼難受的同時，我突然領悟，是這種想法，讓年輕人在離婚率節節高升、結婚對自由的限制顯而易見的情況下，還是會想和另一個人結婚並且建立關係。

　　成年之後就會發現原生家庭不屬於自己，而是倒過來，自己是隸屬於家庭的成員。這個家庭的主導權永遠都屬於父母，從大到小，每一件事情，最高決策權還是在父母手上。

　　在亞洲社會我們沒有辦法跟父母建立平起平坐的關係，即使我

們成年、工作賺錢，甚至擔任家裡主要的經濟支柱也一樣，父母永遠都有一個身為長輩的特殊地位，只要沒有疾病或衰老等因素讓他不得不退出決策位置，身為子女永遠是次要的，只能用提出要求、請求允許、被動接受的方式參與家中的各項決定。

不是我們不想要獨立，是我們如果堅持自己的想法，和父母就會產生衝突，這些衝突沒有辦法就事論事，在以儒家文化為背景的華人社會裡，只要和父母意見不和就可能被扣上不孝的帽子，被說是背叛、忤逆、更讓人傷心的是自己對父母的感情可能會因此被否決。

父母其實也受到傳統觀念束縛，表面上說得再怎麼開明，心裡還是覺得孝即是順、順即是愛，和孩子之間沒有衝突才表示自己受到孩子的敬愛。所以即使他們平常不這麼想，或者不認為自己這麼想，但是每當孩子和他們產生爭執，讓他們心裡不快時，還是會覺得被孩子傷害。

在自覺受傷的時候，人都是有攻擊性的，必須把壓力向外釋放，才能夠維護受傷的自我感覺。

人的感情和觀念是有連動的，一旦父母在觀念上認為子女不該和父母對立，就會覺得和自己站在不同立場的子女冷酷無情。當然這種觀念和情感的糾結也不僅限於父母和子女之間，而普遍存在於各種情感關係，讓家庭，變成永遠是清官難斷家務事的戰場。

麻煩的是只要不結婚，
就會被認為沒有獨立。

　　而在我們這個社會裡，只要不結婚，就會被父母認為是家中未成年的子女，是「更沒有理由不孝不順」的家中成員，比起已經結婚成家的手足，單身子女更容易被父母要求做東做西，甚至被期待要無條件地奉獻時間和金錢來配合父母。

　　簡單來說，**未婚者更容易被視為原生家庭的一分子，而且是以自主權、決策權都不如父母的方式**，父母就像組織裡的會長，子女就像會員，就算組織的運作已經完全是由會員的經濟貢獻來支撐，會員還是會員，不會有等同於會長的地位。

　　會員或許可以提案，要求在某些方面做出改變，但會長的否決權還是絕對的，要讓父母認可自己真的已經成年，有權決定自己生活方式並且不被干涉，最主要的途徑可能還是結婚並且順勢離家，在外組織自己的家庭。

　　當然，對於結婚後，可能會再度被視為另一個家庭的附屬成員的女性，也就是所謂的「媳婦」來說，結婚究竟算不算是一種另類的獨立宣言，又或者只是換湯不換藥，脫離父母，卻被迫接受另一個家庭更強力的管控，這兩者的命運大不同，跟選擇的另一半大有關係。

　　從自己的經驗出發，思考人們究竟為什麼要結婚的時候，我想到了這樣的社會因素，包括文化背景。因為**我們渴望建立自己的家**

庭，在當中獲得一定程度的自主權，也嚮往和家人建立平等而且互相尊重的關係，想藉著結婚，讓自己的獨立性獲得家人的認可。

但是雖然我們有這樣的想法才去結婚，渴望脫離原生家庭，用自己的想法和憧憬建立一個新的歸屬，這件事情卻絕對不是那麼理所當然，沒有人會因為結婚，就順理成章地擁有想要的一切。

許多人，尤其是女性，是結婚之後才發現想要的權利還是需要勉力地去爭取，因為有太多男性還是把「跟我結婚就是進入我家」、「是我們家的媳婦就應該⋯⋯」的想法奉為圭臬，不管婚前講得再天花亂墜，婚後，自己的小家庭任公婆自由來去、移動擺設，甚至連夫妻倆下班或周末假日要做些什麼，都受到公婆的監督或管理。

不是所有男人都覺得這樣做很好，也有些人和妻子一樣有著「從父母那邊獨立」的渴望，但問題就在於長期以來，我們的文化背景強調子女不能跟父母衝突，否則就是不忠不孝，所以他們把結婚後和父母衝突的責任和壓力，都轉嫁到自己的妻子身上，好讓自己在自我感覺上，還是一個聽話孝順的兒子。

周末不一定想要讓父母來家裡，卻會強調「是太太不想這麼做」，在面對父母時不說「我希望你們怎麼做」，而會說「我都可以，但我太太受不了。」

因為自己渴望獨立卻不敢承認，也不想承受只要爭取獨立，就必須要和控制欲強的父母產生衝突的壓力，於是藉由結婚，把另一個人拉進自己的獨立戰爭，好讓自己可以遠離風暴中心。

聽起來很令人生氣，只要是女性就會更感到憤慨，但不能否認

的是這樣的男性確實很多，無論當事人有無這樣的意圖，是明確的知道自己在「利用」婆媳問題來模糊焦點，還是無意識的這麼做，客觀事實都差不多，就是自己保持距離地喟嘆「女人總是為難女人」，或者是強調自己「身為男人當夾心餅乾也很痛苦」，然後讓妻子代替自己去為小家庭爭取自主權，努力，但多半徒勞無功的，和不願放手的父母建立界線。

有時候我覺得這些人是忘記了自己結婚的初衷，也有可能從一開始就放棄獨立，讓結婚，變成是找人分攤受父母控制的壓力，所以結婚之後，不是和原生家庭形成兩個各自獨立、活動範圍偶爾重疊的組織，而是擴大了原生家庭的控制範圍。

會長還是那兩個，居於底層的會員卻增加了，嚮往擁有自己的家庭才結婚的人，結婚之後才發現原來真相是這樣，不可避免地會感到失望和痛苦，而這樣的情緒帶到婚姻裡，又會傷害小家庭裡的親密關係。

孝順，讓子女無法和父母分離。

但是公平一點地說吧，並不是只有男人會把原生家庭帶到新的家庭裡。不管兩個家庭是在表面上互相尊重，還是連表面功夫都沒有的落實控制，這種看似獨立其實並沒有自主權的狀態，其實是普遍存在於不同性別的。

　　亞洲社會的成年子女就像在費力地爭取獨立的小小國家，卻又總是被一句「我是你爸／媽」給徹底打翻，有許多父母所謂的「希望孩子獨立有主見」的想法都只是空談，當他們提到兒女應該尊重父母，意思就是孩子不應該和父母持反對意見。

　　成年子女無論性別，都在不同程度上，受到父母那表面上放手實則未必的策略所牽制，又因為每個父母的傳統觀念程度不一，每個子女受到來自父母暗示的「你不能也不應該獨立」的壓力並不一樣。

　　症狀比較輕微的父母，在和子女互相衝突了幾次之後就會放手，認清楚所謂的空巢期並非暫時，而是家庭生命階段的又一次轉型。從夫妻，到父母和子女的組合，然後子女成年離家，又回到只有夫妻的兩人世界。

　　不管願不願意都必須放手，和子女變成兩個家庭的人，子女的家庭有他們自己的運作規則，而自己能干涉的只有自己的家庭。

　　而症狀比較嚴重，始終無法承認人生階段已經改變的父母，可能花上整個下半輩子跟兒女爭執「該聽誰的」、「你連爸爸／媽媽的話都不聽了嗎？」「身為祖父／母連自己的孫子都不能想看就看嗎？」……不斷地哀嘆子女「翅膀硬了就不聽話了」，卻沒想過這其實也沒什麼錯。

　　適應人生的新階段永遠都很困難，過渡期的痛苦也是當事人自己的責任，然而就像成年子女會因為無法掙脫控制，不斷被用力拉回前一個階段而痛苦掙扎，逐漸年邁的父母也會因為子女想要脫離

自己、自己不再擁有權威、不再被子女需要而強烈地感到失落。

　　人生階段走到後期，無論身體再好都會有時不我予的感覺，因為內心脆弱而更希望子女陪在身旁。這種情緒有時會讓父母無法意識到自己正在嘗試控制子女的生活，甚至已經影響到子女的婚姻和家庭，沒辦法對和自己分開生活的子女懷抱祝福，不願意放開過去。

　　向父母發表的獨立宣言，其實是很多人想要藉由結婚來實現的願望之一，更進一步證實了結婚的動機不同於戀愛，不是那麼單純的只是「想和某人在一起」。

　　但也正因為如此，讓人很難不抱怨伴侶婚後就跟婚前不一樣了，因為總是要到婚後，這些對婚姻的真實想法才會一一浮現。

　　和父母衝突的壓力如果太大，沒有辦法承受父母指責自己、甚至對親朋好友哭訴「兒女不孝」的壓力，就很難做到堅持自己真正的願望，也無法要求伴侶共同堅持下去，有些人甚至會因此轉變想法，希望對方和自己一樣對父母讓步，換取表面上的和平。

　　被這樣要求的伴侶無論男女，都會覺得自己不被當成自家人，不被認可是新建立的家庭的一分子，視情節嚴重程度不同，有的人是婚後才發現根本就沒有這個小家庭的存在，身為媳婦／女婿只是這個渴望強化控制的原生家庭當中，地位最低的分支。

　　一切的問題都與愛情無關，跟兩個人感情的深淺也無關，是傳統觀念和個人意志之間的落差，也是父母和子女之間，不知何時才能改朝換代的權力衝突。配偶其實只是代罪羔羊，不管是婆媳衝突還是翁婿衝突，都可以用來掩飾真相，讓真正在鬥爭的雙方否認鬥

爭的存在，強調「我們親子之間感情還是很好，是我的老婆／老公和我爸媽合不來。」

跟愛情無關的問題，愛情當然無法解決。

和一般人的想法不同，伴侶之間強烈的愛情，在這裡非但幫不上忙，可能還會讓事情變得更加困難。

如果婚姻中的雙方只是為了經濟或其他共同利益而結婚，對於該對父母讓步多少，要怎麼扮演孝順的媳婦／女婿，可能還可以用單純的利益計算來說服自己，像進入一間公司，用「工作就是為了賺錢」的想法來達成目標。

但現代人是有愛情才會考慮結婚的，追求愛情也追求獨立，總是把自己推上前線去和父母衝突的伴侶讓人感受不到愛的存在，無法捍衛小家庭的界線，而是要求自己也成為原生家庭的附屬的作法，更讓人追求獨立的希望蕩然無存。

身為曾經很渴望父母的認同，尤其希望他們知道我有多愛他們，因而壓抑自己真實感受只求不要產生衝突的子女，我其實了解這種人在愛情與孝順發生衝突時的退縮，對於被自己牽連、甚至被迫承擔的另一半並不是沒有愛情，而是自己實在太脆弱了，再怎麼愛對方，還是沒有堅強到能夠和原生家庭建立界線。

總是要被逼到真的無力承擔來自雙方的要求、兩個家庭之間的

矛盾越演越烈的時候，才有可能絕處逢生地做出改變。許多人在那之前就是能拖就拖，賠上自己的婚姻和諧，讓父母永遠都是夫妻吵架的主要理由，否認自己其實也想要脫離父母。

在我們解決婚姻問題的方法當中，第一階段——誠實——往往都是最難的。因為人只要無法誠實面對自己的脆弱，就會把問題歸咎於其他人的脆弱。

舉個例來說，明明是自己無法捍衛小家庭和原生家庭之間的界線，害怕和父母衝突就要承擔不孝順或不聽話的罪名，卻會在另一半對父母的控制表示抗拒的時候，指責另一半「太不配合」，沒有辦法「體諒」自己夾在父母和伴侶之間的兩難。

因為許多父母從小灌輸孩子一個觀念——不順從父母就是不愛，不以父母的意見為主就是不尊重。被這樣教養長大的成人，在察覺自己真實的想法和感受之前，就會自動踩下剎車，麻木自己並且停止探問自己的內心，就怕挖掘出來的真相——其實自己並不想聽父母的話——代表自己是個不愛也不尊重父母的壞孩子。

所以在婚後遇到小家庭和原生家庭產生衝突時，無法抗拒來自父母的要求，就會轉而要求伴侶配合，選擇性地忽略自己對小家庭的成員也有責任，讓自己以扮演原生家庭的好孩子的目標為優先。

我有時候覺得自己做不到的事情，至少要放手讓另一半去做，如此一來才能保護自己新建立的家庭，還有自己的子女。可惜的是我們很容易陷入孝道和親情的兩難，失去了對什麼才是好的判斷能力。

有一個非常親密的朋友就是這樣，讓我心疼的是她母親對她的剝削，在母親的情緒勒索和控制下，她的小家庭退到無路可退，有一次她對我說，很感動先生陪著她忍讓、甚至一起向蠻橫的母親道歉求和，我卻忍不住說：「他不應該這麼做。」

害怕衝突可能是人的天性，身為女兒可能更難拒絕母親的要求，因為女兒總是難以放下對母愛的渴望和戀慕，那種狀況跟兒子其實不想跟母親維持親密，就以「孝順婆婆是媳婦的責任」為名義，孝道外包給自己妻子的狀況是不同的。

所以可以看見很多成年兒子結婚之後，就把取悅自己母親的任務轉交給妻子，不管是回家時幫忙家務或者安排慶生娛樂，總之，「女生比較貼心」這種說法，也是一種讓兒子可以減輕負擔，轉移母親注意力的方便的藉口。

但無論基於什麼樣的原因，身為子女的一方如果沒有辦法捍衛自己家庭的界線，新加入這個團體的配偶，就變成了最後一道防線。

一起接受父母的控制其實是下下策，無法接受孩子已經獨立的事實的父母，其實需要外力的引導和改變，認清楚只有放手，才是真正的祝福。

不管身分是兒子或女兒，若是發現自己的父母已經超過應該有的界線，對待自己新建立的家庭及成員，拿不出互相尊重的態度，那麼就算自己做不到與父母對立，也不應該讓伴侶和自己一樣，任由父母予取予求。

這不只是為自己好也是為父母好，因為控制欲是一種無法獲得

滿足的欲求，當被要求順從時，我們都會誤以為順從能夠讓對方開心，其實順從只要超過一定的上限，就會被視為理所當然而更難以獲得滿足。

特別是在有了孩子之後，孩子需要清楚的知道，自己的父母有能力保護自己所處的家庭，祖父母輩是親戚，再怎麼親密，也不能以親密為名，行使控制之實。

經濟衰退，讓小家庭不得不依賴原生家庭。

現在又有另外一個社會因素，讓這種兩代之間的衝突越演越烈，八〇年代後出生的子女是社會主要的勞動人口，卻被沉重的房貸、節節高升的物價、持續衰退的經濟、超長工時和低薪壓迫得喘不過氣。沒有小孩時還無妨，頂多是兩夫妻租屋、降低消費欲望並且同樣超晚下班，但是有了小孩，他們就很難不需要父母的幫忙，無論是人力或財力的支援。

這讓兩個家庭之間很難建立界線，因為彼此之間的分工合作仍然相當緊密，但兩代不僅僅是教養觀念不同，對自己的生活也有獨立自主的期待，日本就有一個詞彙「帶孫憂鬱」（孫ブルー），用來形容父母總是被成年子女要求協助照顧孫子女，自己的生活步調都被打亂的困擾和憤怒不平。

然而這些四〇、五〇年代出生的父母，也很難了解子女提出要

求時的痛苦，子女渴望獨立，卻連獨立的基本要件——經濟——都難以達成。

無論日本或台灣，現在正在享受退休生活、還算年輕的祖父母輩，都是在經濟成長最蓬勃的時候投入勞動市場。當時的社會環境讓他們的經濟能力穩定攀升，不但能夠負擔子女的補習班和才藝班的費用，還可以帶父母出國遊玩，不需要父母額外的支援。

現在的小家庭卻是靠著倒退三十年的薪資在勉力支撐，買不起房子就無法搬出原生家庭，或者付了房貸就沒有錢生養孩子，有孩子的夫妻為了生活不得不選擇雙薪，又因為超長工時，沒有人能夠接送年幼的孩子上下學，孩子一旦生病沒有人能請假照顧等等的問題，最後還是只能請其中一方的父母提供協助。

既然還需要父母的幫助，怎麼可能從父母那邊獨立，建立平等尊重的界線而不是受到牽制的關係呢？

結婚成家之後，和原生家庭之間最健康的狀態，其實是各自獨立、互相尊重、彼此關懷。祖父母能夠沒有心理負擔地含飴弄孫，年輕的父母也可以堅持自己認為理想的教養。但對於無論再怎麼努力，還是無法做到「完全不需要父母幫忙」的小家庭來說，和雙方的原生家庭都難以維持這樣的關係，而是時不時發生拿人手短、吃人嘴軟的壓力，還有「究竟誰說了算」的教養衝突。

雖然衝突的本質是一種權力鬥爭，雙方都渴望擁有對自己生活的主導權，祖父母輩可能想要自由地探望孫子女，卻不想被定時、定期幫忙帶孫的義務所綁住。而兒女也渴望堅持自己理想的教養，

卻礙於父母的權威、幫忙帶孫的「恩惠」而無法堅持自己。

衝突的內部包含了關於親情、愛情、孝順的觀念，父母處於空巢期，渴望自由卻又想抓緊控制的心理，以及子女那渴望獨立，卻又受迫於現實的壓抑與無奈……總之兩代之爭的內部都是極為複雜的，讓家庭變成一個戰場，三個不同世代都被捲入戰局。

每一個現象都有它社會的、文化的因素，也有個人情感牽涉在其中，經濟的因素又縮限了個人的選擇，有時就是必須做明知道這樣不好，卻又不得不然的決定。

無論是有獨立的想法但心有餘而力不足，還是根本不打算和父母建立界線只求表面上的和諧，一旦讓自己的家庭變成原生家庭的附屬或延伸、父母的權力就會延伸過來，變成婚姻裡最大的危機。

結婚的人，還是必須自己給自己勇氣。

對於配偶來說，這其實不是個人努力可以改變的事情，因為真正的問題出在親子之間，身為配偶不過是個配角，再怎麼努力也改變不了主要劇情。所以已婚女性總是忍不住叮嚀還未婚的朋友，結婚絕對要慎選另一半，不能只看他對妳夠不夠好，還要看他怎麼看待自己和原生家庭的關係。

那些把親子衝突的壓力轉嫁到配偶身上的人，是不會在婚前讓妳有心理準備的。但假如妳已經是不斷被對方父母踐踏界線，徹底

失去家庭自主權的配偶，而另一半確實坦誠地告訴妳他做不到和父母發生衝突，妳又能夠如何呢？

很愛對方好像就不應該讓對方為難，但很愛自己的家庭就不能任由界線不斷地後退甚至被抹除，但愛得再深、再怎麼努力也無法代替對方去解決「只有他能解決的問題」，已經陷入這種困境的人，往往無法輕易地認賠殺出。

只能守候和提醒吧。提醒自己也提醒對方，不能用婆媳或翁婿的衝突來轉移焦點，親子衝突才是真正的問題。

婚姻中的人在很多時候都必須自己給自己勇氣，在承受著「對方原來不能保護我，還可能拿我當擋箭牌」的壓力的同時，還必須要理解對方的脆弱，並且堅強起來捍衛自己家庭的界線。

如何引導對方認清事實、找到真正問題的癥結是需要智慧的，而對方能否聽得進去，或者持續裝死，強調「一切都是妳／你和我爸媽的問題」，又並非自己可以掌握。唯一可以努力去控制的是自己的想法和態度，一旦發現長輩有不合理的要求，影響到夫妻感情或者孩子的教育，必須要堅定立場的保護自己的家庭。

那時可能會感覺到另一半和他的父母站在一起對自己施壓，讓人對婚姻和過往的愛情心灰意冷，但結婚本來就是一個充滿冒險和挑戰的決定，婚後才發現對方的脆弱甚至是無賴，都是自己必須努力去克服，或者在確認無法克服之後，必須認賠殺出的風險之一。

有的人會因為孩子而變得強悍，能夠更進一步堅定立場並且影響自己的伴侶，也有人因為養育孩子而縮限了自己的經濟能力，不

得不委曲求全。

　　無論哪一種都必須認清自己的承受能力，還有孩子受到影響的程度。我在成為母親之後，發現女人確實是可以為了孩子發揮意想不到的潛能，做到過去做不到的勇敢，或者是忍耐。

　　兩種選擇沒有誰對誰錯，雖然「為孩子而忍耐」時常會被批評為「不夠努力」的託辭，但有時確實是非戰之罪，能否做到某些事情，本來就不只是需要意願，還需要能力。但最重要的關鍵是一切的努力都必須掌握對的方向，讓小家庭朝著獨立的方向走，長期抗戰或短期休兵都是選擇，**走入婚姻雖然可能是一時衝動，但人在婚姻中思考未來的方向時，需要非常清醒和冷靜的腦袋。**

　　婚姻幸福（或至少還算可以接受）的條件，是知道自己當下在做什麼，以及長期下來，該怎麼更接近真正重要的目標。

　　不能被情感和受傷的情緒所控制，讓自己和對方開始互相指責，模糊了究竟該怎麼解決問題的焦點，把對方視為自己的盟友而非敵人，如果他站在與自己小家庭對立的一邊，也必須努力去理解他的選擇，如此才有可能把他拉過來。

　　但那是很難的一件事情，一方面人很難在受傷或被激怒的時候，還要保持客觀、冷靜的思考並解決問題。

　　另一方面，我們也很難把讓自己受傷的人當成盟友，因為我們總有一份錯誤的期待──既然結婚，對方就應該一直都是我們的同伴。他不應該讓我們獨自一個人面對並解決問題，更不應該造成問題。

　　但那就是婚姻裡會發生的事情，對方會讓自己失望，同樣地，自己也有可能讓對方失望。彼此都會把自己的壓力和無法克服的難關，用各種形式轉嫁到對方身上，沒有一旦結婚，彼此的力量就自動加在一起，形成一個可靠的後盾或避風港的道理。

　　在婚姻裡必須承受的孤獨，就是體會並且承認別人的不可控制或依恃，能夠把握的只有自己的想法和努力，而能不能找到對家庭有共識、也有能力去堅持共同目標的伴侶，又或者在事與願違的時候，能不能成功地影響對方的想法，讓對方變成這樣的伴侶，在在考驗著我們從來沒有被教育或者被訓練過的能力：不受感情和傳統觀念所蒙蔽的思考和判斷，還有不傷害對方的溝通和表達。

　　婚姻是修行啊，雖然是兩個人的關係，卻是自己一個人的修行。

　　而我發現承認了婚姻中必然的孤獨，還有放下「對方應該要替我解決問題」的這種不切實際的期待，該做什麼還有該用什麼心態去努力，好像就變得清晰許多，可見得人很容易蒙蔽自己，關於婚姻應該是什麼樣子，還有「既然結婚，對方就應該要如何如何」的各種成見，都會讓人看不清楚事情的本質。

　　事情的本質是在各種情感和角色關係的為難當中，人還是或多或少有著選擇的餘地，可以選擇努力往好的方向走，只要知道自己朝向正確的方向，就算結果不如預期，也是無愧於心。

每個人
內心的陰影，
都會指引
內在渴望的光亮

對我來說，真正把我們綁在一起的，並不只是兩個人和諧分工
的日常。而是那些如果不是因為結婚，根本不會發生的，一次
又一次的緊張和對話。因為那些衝突，我們認識了別人沒有辦
法知道的對方和自己，所謂的夫妻並不是只多出一張結婚證書，
而是以夫妻這種身分相處，共同生活的點滴。

　　每個人對婚姻的第一個印象，都來自自己的父母。原生家庭對我們影響之深遠，力道之強烈，我們總是要到自己也結婚之後，才會真正明白。

　　我和先生來自很不同的家庭，應該說，每個人的家庭都不一樣，雖然他的父母也會吵架，但因為身處三代同堂的大家庭，伴侶和其他家人之間的摩擦，轉移了原本應該僅限於夫妻之間，因為婚姻所造成的壓力。

　　而我在只有父母手足的核心家庭中長大，沒有其他成人在父母爭吵時居中緩頰或者是強力的控制，我們的生活雖然平日相當平和，但是一旦父母爭吵，就像打開壓力鍋那樣天翻地覆。

　　因此，我對婚姻的印象就是「難以理解」，特別是聽說爸媽當年也是自由戀愛結婚，還留下無數封情意纏綿的情書（後來在一次爭吵中被燒掉了），對於自己選擇跟相愛的人結婚，卻會建立如此看似穩定其實輕易動搖的關係，覺得困惑而且害怕。

　　爭吵時沒有旁人協助踩剎車的結果，是爭吵往往越吵越烈，不知道何時會停止的不安感，讓我開始懷疑——任何人，不管再怎麼溫和，情緒爆炸時都有可能採取暴力，言語的或行為的。

　　在哥哥去外地念書之後，我變成家裡唯一的孩子，總是覺得自己有責任在父母爭吵時扮演某種角色，但也因為身為孩子，其實無法代為解決任何問題而感到苦惱。

　　有時候覺得父母已經痛苦到遺忘了我的在場，我的感受當然也沒有人關心，我純粹只是某種角色，是觀眾、剎車踏板、用來擦眼

淚擦完就丟的衛生紙，或者是遷怒和轉移注意力的對象，而我就在扮演這些角色時默默思索，開始懷疑婚姻的意義。

成長過程中除了少數非常親近的人以外，很少人知道我對婚姻的印象如此悲觀，因為我的原生家庭看起來很幸福，父母平日各司其職、假日全家出遊，退休後他們總是一起喝咖啡、看電影。

我們並不是「典型的」不快樂的家庭，他們也不是「典型的」不快樂的夫妻，只是當爭吵時，把平日快樂全盤推翻的程度，徹底否定對方的激烈言詞，總是讓我不知道哪一邊才是事實。

無法向別人訴說也是一種困擾。因為無論從哪個角度看來，我們都是「沒有問題」的家庭，問題總是出現在沒有其他人看見的那一面，讓我也時刻懷疑，沒有辦法在家庭裡感到放鬆，或許是我自己的問題。

長大後在日本作家曾野綾子的書中看到，她因為從小看著父母感情不睦，父親在家是個暴君，在外卻是一個深受敬重和喜愛的人，因此結論出「世間的事情，往往和表面看起來不一樣。」

雖然講的是不一樣的事情，卻讓我深深被撫慰到了。

過去沒有獲得解答的困惑，會被帶到新的關係裡。

在原生家庭的那段期間，我還是個孩子，就算逐漸長大，畢竟還

是涉世未深，我不懂得什麼叫做愛與恨是一體兩面，在一段關係裡，愛與恨可能同時並存。

所以我當時其實很想知道，別人家也這樣嗎？可以在夜裡，像怪手拆掉一棟房子那樣摧毀一個家庭，然後到白天，這棟房子就又重新建立起來。

雖然人在家裡但是我很容易緊張，總是時刻保持警覺，害怕在深夜突然傳來爭吵的聲音。到現在我仍然對有人大聲說話、大步向對方走去，隱約的咒罵或扭打的聲音非常敏感，即使發生在社區，我也會立刻辨識出來，那不是一般日常生活的聲音。

吵完架全家若無其事地吃飯時，我總是不知道該相信眼前的和平是真的而昨天是一場惡夢，還是應該告訴自己相反的才是現實，現實就是人們為了共同生活，必須在搖搖欲墜的地基上建立看似安穩的房子。

孩子和年輕人的世界觀太過單純，無法理解婚姻這麼複雜的關係，但是在觀察父母婚姻、從中建立自己對婚姻的想像時，我們總是一半時間是孩子，另一半時間只是個年輕人。所以我感覺不到婚姻有任何吸引我的理由，只是選擇不去相信他們說的「婚姻都是如此」，在心裡對「或許會有例外」抱持希望，始終如一的是我嚮往和平。

特別喜歡的是某些老夫妻分享的人生故事，年輕時並不轟轟烈烈，但隨著時間過去，對彼此會有一份感謝，一種細水長流的溫情。

而那恰好就是我的先生，在他成長過程中第一個看見的婚姻模式。

以為每個家庭都一樣，其實都是不一樣的。

第一次和先生的奶奶見面時，才交往一周。奶奶就握著我的手，跟我一起翻舊的家族相簿，對我絮絮叨叨地說爺爺是一個多麼好的人，他們當時是親友介紹結婚，爺爺看到她，隔沒多久就來提親。

結婚超過四十年，爺爺在前幾年過世，她說起兩人的夫妻生活還是那樣懷念，「他真的是一個很好的人」這句話讓我感動而且覺得不可思議，我難以相信這世界上真的有這樣的夫妻，可以一輩子在一起還能彼此欣賞。

那跟我眼見的有太大的不同，我很快想到，那被爺爺奶奶教養長大的先生（當時的男友），對於婚姻一定是比我樂觀吧。

結婚的時候我的想法也是樂觀的，因為交往十年，這個人沒有對我生過氣，我在當時的想法是：婚姻不吸引人，但跟這個人在一起很吸引我，我猜這也是多數女生會選擇婚姻的理由。我感覺如果我想要一個安全的、不用害怕別人突然生氣的地方，如果不是一輩子單身把自己經營成一個家，好像就是這個人了。

我相信因為他，事情會有所不同。只是當時我雖然這樣相信，婚後卻變得無法相信了。甚至並沒有什麼明顯的變化，不過是因為我們已經結婚，已婚這件事情，就足以喚醒我內在的恐懼。

理性上我知道人都會有生氣和心情不好的時候，婚後我卻無法接受對方生氣，因為不管他生氣的事情跟我有沒有關係，都會讓我有許多不好的聯想。

　　我會急著妥協讓步，裝作沒有意見只想保護自己，因為我害怕過去見證的事情重演，總是覺得在爭吵時，人就會表現出最陰暗、最狠毒的樣子，不管他們平常看起來多麼深愛對方。

　　我把過去的生存之道喚了回來，像一隻兔子一樣反覆地想要強調自己無害，麻痺自己的感受只想要趕快恢復和平，我會一再地強調：「我怎麼樣都可以，只要不吵架就好。」而內心其實受到嚴重的傷害和打擊。

　　每天，只要先生為了某件事情而流露不悅，我就會在夜裡想像如何能夠結束這段婚姻，因為我真的太害怕了。

　　我像發現新大陸那樣發現自己內在的陰影如此強大，不管表面上看起來怎麼樣，在陰影下，我一直都是那個躲起來哭的孩子。

　　彼此信不信任其實是可以察覺得出來的，先生以為我願意結婚，就是因為足夠信任他，而我也一直這樣以為。但是我不信任人，也不信任婚姻的這項事實，因為已婚而浮現出來。

　　婚後沒多久我就開始擅自地解讀他的行為，忍不住偷看他的手機，無法克制地想像他就像以前聽父母說過的，「婚姻只是性的結合」、「是男人都會想要偷吃」、「人都是自私的」、「妳等著看，看他以後會不會這樣」。

　　父母或許出於好意的各種警告和說法，都在我腦海裡盤旋不去，讓我做了那些自己不喜歡的事，又為此感到沮喪不已。

　　我看見的並不是眼前這個人而是我對婚姻的印象，總是在獨處的時候想我果然還是不應該結婚，小時候，害怕被父母的爭吵波及

的心情，讓我面對這個人，或者任何一個人，都無法相信對方不會傷害我。

那其實就是不相信愛，覺得自己如果不夠好、惹人生氣、不快樂時做不到忍受、說不出對方想聽的話語，就會被傷害、被拋棄。

我的內在原來不是結婚時那個年輕爽朗的新娘，而像是一個孩子總是在擔心如果自己做錯事就會失去父母，看起來是自信的接受了先生的愛，心裡想的卻是「如果我不夠好，他就不會愛我。」

我的深層恐懼因為進入婚姻而全部被揭開，結婚前只是隱約浮現的陰影，婚後才真正的明白了自己心中所想。婚姻這個山洞並不寬敞明亮，在那裡，會有人被自己的過去、成長過程中經歷的每一件事情，像鬼魅一樣如影隨形地糾纏。

真正的幸福，是感受到自己被接納。

如果不是下了決心和反覆的練習，像解剖一樣思索自己內心的每一分感覺，我不會意識到自己正在創造危機，沒有辦法區分哪些是真正發生的事情，哪些是我內在的陰影。

必須慶幸的是先生跟我是截然不同的人，他不害怕衝突，對衝突也不像我這麼悲觀，從小到大我習慣了接受表面的和平但他對虛偽不能忍耐，在我又想用麻痺自己來裝作我對這件事情沒有感覺時，他不會接受這種處置而是會非常反彈。

　　他要求我把真心話說出來，哪怕是對他不滿、抱怨、憤怒他都可以接受，而我質疑的就是這件事，因為我還記得那些自尊心奇高的人，絕對不會忍受一點點他們認為是羞辱的事情。但先生展現的自尊像是另一種我沒有遇過的類型，他寧可要真實，同時，不知道是對婚姻有信心還是對自己有信心，他總是告訴我問題可以解決，「只要妳說出來」。

　　當我和先生針對生氣、吵架等事情溝通越來越多次，累積了越來越多處理類似事情的經驗，我們都看見了和過去不一樣的自己和對方，就算我們交往快十年才結婚，婚後認識的彼此還是新的。

　　我發現原來他有這樣的一面，比我所以為的更不畏戰，而他看見的我也和別人看見的不一樣，很多人以為我是對自己有信心的人，所以待人溫和不容易生氣，而事實上我待人溫和不計較，是因為我不信任別人控制情緒的能力。

　　我討厭那些把情緒任意揮灑在別人身上的人，同理的對象總是和我一樣，表面平靜，其實默默舔舐傷口，但是人也很矛盾，就像陰影總是被太陽吸引，我無意識中選擇的另一半，就是什麼情緒都寫在臉上，和我的壓抑恰成互補。

　　我意識到跟這個人的關係無法被複製，因為我們有過的互動，坦誠自己的程度，和對別人並不一樣。在婚姻裡我看見自己的脆弱，也看見自己能力的極限，很多我沒有辦法靠自己面對的真相，是這個人推著我去看見。

　　而我們選擇彼此背負，儘管有人會解釋成，這是為了和平相處

而不得不做的某種義務，但我還是把這些解釋成愛，因為單純只是義務的夫妻關係，會讓我聯想起為了生存，而不得不勉強居住的危樓而感到害怕和痛苦。

自己還有多少真相旁人無法得知，對方卻看在眼裡，在戳破了戀愛時，彼此是天造地設的美好想像之後，我們都學習和真實的對方相處。有時候會覺得這種關係是負擔，但是心上沉重的感受，其實也讓人覺得踏實。

謊言總是輕飄飄的，而真相，對於說出口和聽見的那一方而言，都是某種難以卸下的責任，但我們面對了彼此的真相。

在人的內心深處，不管經過美化的自己再怎麼令人嚮往，還是會渴望這個真實的、不完美的自己能夠被接納，不是每段婚姻都能如此，也有婚姻只能維持著美好的表象，而內在是抗拒接納彼此的兩個人。但也因為這樣，感覺到自己確實被對方接納的時刻，會突然領悟到那就是婚姻的幸福，不管是短暫或恆常。

婚姻要運作良好可能有不變的真理吧，但是對我來說，真正把我們綁在一起的，並不只是兩個人和諧分工的日常。而是那些如果不是因為結婚，根本不會發生的，一次又一次的緊張和對話。因為那些衝突，我們認識了別人沒有辦法知道的對方和自己。所謂的夫妻並不是只多出一張結婚證書，而是以夫妻這種身分相處，共同生活的點滴。

我在婚姻裡學習直視自己內心的陰影，有時也覺得是被婚姻這層關係逼迫，必須承認自己是個膽小、怯懦、隨時都想要逃跑的人，

看起來像是擁抱這層關係的，其實最為恐懼這層關係。但是當我投入越來越深，看見越來越多自己內心的真相時，也逐漸明白為什麼有人會說，**要擁抱自己內心的脆弱，而不是轉身逃離**。

因為那些沒有治好的傷其實是走到哪裡就跟到哪裡，雖然可以自欺欺人地說自己已經切斷和過去陰影的聯繫，事實上陰影是人內心的一部分，只有接受不接受，沒有徹底的斷絕或分離。

在這個越來越崇尚個人自由，也讓人越來越質疑婚姻意義的時代，婚姻這個不完美、尤其對女性有諸多不利的制度，因為預設了和另一個人非常緊密的關係，而讓投身其中的人，有近距離檢視自己人生的可能。

回頭去看，覺得自己一定還是渴望一個不同的家庭。一個所有人都可以放心哭泣、生氣、說出自己真正的想法，而不必擔心會不被接納的地方，在自己不知道的時候，我對這個家庭的渴望還是凌駕了恐懼，讓我和自己認為對的人走入禮堂。

承認自己內心有陰影，才會明白自己追尋的是什麼樣的光。雖然永遠無法知道自己的方向是否正確，但是既然做出了選擇，就努力走下去吧。

走進內心深處的黑暗，還有光亮。

有沒有跟對方說過
自己很幸福

人在被抱怨或者被指責時不會因此想要改善
或做得更好，而會覺得對方難以取悅所以想
收回自己的付出，不斷抱怨的一方就像不斷
批評孩子的父母，雖然覺得自己只是「想要
提醒對方做得更好」，卻降低了對方想要做
好的意願。

　　幾天前的一個晚上，孩子睡了，我正在滑手機，檢查白天自己一個人在家時寫好的稿子。

　　先生坐在我旁邊，也在玩手機遊戲，轉頭看他又想起我一天的行程，我突然有感而發：「我覺得自己真的很幸福。」

　　話說出口的時候還是有片刻的掙扎，就算這句話已經不是第一次說了，但是每一次想說出這句話時都可以感覺到，有什麼東西，似乎正試圖要拉住我。

　　我清楚意識到它的阻礙，然後刻意地擺脫，把這句話說出來。

　　跟之前每次聽到這句話的反應一樣，先生先是愣了一下，然後微笑，手伸過來握了一下我的手，最後又回到手機遊戲裡。

　　我解釋了一下為什麼我會覺得幸福，主要是因為我過著在家接案的生活，可以不用通勤，免去辦公室的勾心鬥角和比賽加班的職場文化，雖然收入較低，但我擁有的是時間，對有小孩的媽媽來說時間何其珍貴，可以做自己想做的事，讓自己在面對家人的時候，態度能夠保持從容。

　　疲勞和壓力都是讓情緒容易爆炸的原因，很多時候讓人神經斷線的不是事情本身，而是身體因為不堪負荷而發出的警訊，我很幸運雖然經濟並不寬裕，但還是可以選擇比較適合自己的工作型態，而免於疲勞和壓力過大，造成面對家人時無法拿出耐性的情形。

　　那應該是個人的選擇，拿自己的職業生涯去冒險，但是在工作期間體會到的，覺得自己累到隨時會情緒失控的那種不安，內疚於無法用笑容回應有好多事想跟媽媽說的小孩，對我個人來說，比職

涯中斷的壓力更難以承受。

　　而我因為現在的選擇而感到幸福，就這麼跟先生說了。

　　說出口時的掙扎猶豫，我想，是因為總有一種聲音在暗示我，不應該讓對方知道吧。

　　自己過得很好，對生活感到滿意，對他的付出也心存感激，這一切，好像是不應該讓對方知道的事。

　　會有這種感覺，可能是因為我從小看見的婚姻樣貌，還是以彼此埋怨的居多，朋友之間似乎也不是只有我是如此，在臉書開始流行，無形中推動一種目標是讓人羨慕的放閃文化之前，我們其實比較習慣看到伴侶彼此埋怨，好像親密關係發展到最後，相知相惜是少數，抱怨說不完才是常態。

　　——已經過的很好了還不知道感謝。

　　——回到家也從來不幫忙任何家事。

　　——別人對他／她的好都當作理所當然……

　　看慣了婚姻生活就是報憂不報喜，在我心裡不斷累積，久了也沉澱出一個印象，所謂夫妻，就是不斷埋怨彼此，把結婚照上兩個人的幸福甜蜜，硬生生地變成一副諷刺的漫畫。

　　很多都不是半開玩笑的埋怨，而是真實地覺得對方占了自己便宜，覺得在婚姻裡是「自己在犧牲」，為了家庭自己已經非常努力付出，對方卻從未感到滿足。

　　不去檢視那些具體細節的話，會發現人跟人之間的抱怨總是如出一轍，好像每個人都覺得自己付出較多、得到較少，好像這也是

一種關係中的弔詭，兩個人都在犧牲，卻沒有人因此感到幸福。

　　資深的已婚者總是會說，「婚姻都是這樣」，表面上和平而內在彼此嫌棄，暗自覺得自己值得「更好的婚姻生活」。會彼此感謝、沒有外人在場時依然相視微笑的夫妻，好像是戲劇裡才有的少數。

　　結婚時我們多半想著自己不會變成那個樣子，想要結婚時感到的幸福持續到永遠，卻很奇怪地，總是覺得埋怨的話比較容易說出口，好像當年長輩對我們說那些話，只是想提醒孩子以後不要跟自己一樣，卻總是提醒的越多，結果越是同樣的複製。

　　我在發現自己很難開口稱讚先生時覺得很驚訝，因為戀愛的時候我們並不是這個樣子，我對他有某種崇拜，覺得他比我堅強，特別喜歡那種拿得起放得下的感覺。

　　曾經有朋友向我轉述，說他從另一個女性朋友那裡聽說，在我跟她一起出去玩的時候，我一直在說自己的男朋友對我多好，讓我多麼感動，而我竟然絲毫沒有察覺自己一直放閃，還自以為是低調的人。

　　可見得人的行為總是和自己以為的不同，留給別人的印象更是自己無法完全掌握，但這表示我不是向來喜歡埋怨另一半，婚後卻好像總是有個警鈴在大腦裡，隨時提醒我「不要把對方說得太好」，尤其是當著對方面的時候。

　　當我覺得自己幸福而想要說出口時，就會想起聽過無數次的伴侶的私下埋怨：都讓他／她過得那麼好了……

　　那給我的感覺是千萬不要當面稱讚對方，也不要讚美自己現在

的生活，否則對方生氣或吵架時就會理直氣壯地說：「都已經讓妳過得那麼好了。」

我發現自己是在害怕落人口實，好像我要是現在說了，謝謝你讓我過著自己想要的生活、謝謝你的協助和包容，就會讓對方因為被讚美而得意忘形，也會讓自己在還有別的要求時，會被說成「太過貪心」而失去立場。

只是有這種感覺時，心裡也開始懷疑，如果我開口也總是那些提醒對方、埋怨對方沒做的事，那跟那些沒辦法欣賞彼此、也從不向對方道謝的夫妻有什麼不同呢？

埋怨彼此可能只是想找情緒的出口，但沒有人喜歡被批評或抱怨，或許我們都只是害怕自己受傷害，所以採取了和良好溝通背道而馳的對話方式：只強調自己沒有得到的部分，而視對方的付出為理所當然。

反省之後，我開始調整自己和對方說話的習慣，逐漸發展出來一套新的溝通原則：感到幸福時，當下就要說，而且最好是直接告訴對方。

一開始很不習慣，但是努力說出「覺得自己很幸福」的時候，總會看到對方微笑了。

心情不好的時候，睡不著也要去睡。

　　相反地，如果對生活感到不滿、不快樂，甚至是無法停止的覺得自己「不幸」，可以先去睡一覺，隔天起來再說。

　　雖然隔天再說聽起來有點像在翻舊帳，但事實是通常起床後的隔天就會覺得事情沒那麼糟，我總是會在那時候恍然大悟，人的情緒，不管自認為多灑脫豁達的人，依然就像鑽牛角尖一樣，是越想就越走不出來。

　　這種時候並不適合溝通，最適合的事情是睡覺，讓自己身體休息心情也隨之平復，才能用冷靜的、不意圖傷害他人的態度討論問題該怎麼解決。

　　人會被當下的情緒所影響，放大對某件事情的觀感和好惡，這是我在行為經濟學家丹・艾瑞利的《誰說人是理性的》當中看到的。人其實不像自己以為或想像的那麼理性，總是受到當下的情緒或感受所操控。

　　書中有一段讓我印象深刻的討論，雖然已經不確定作者所舉例的細節，但我做的筆記是，人會基於當下的情緒做出某個行為，但等到當下的情緒過了，就會忘懷情緒在當中的作用。而人總是認為「我當時會那麼做，一定是有道理的。」所以就把當時的決定合理化，甚至把它變成一個習慣而延續下來。

　　舉例來說，你可能在上了一天班，身體非常疲累的時候，看見家裡一團亂，對於提早下班，卻沒有動手整理的伴侶感到非常惱怒。

　　因為這樣不想回應對方的親密，也不想來個晚安吻就直接去睡，隔天雖然沒有昨天那種情緒狀態，但晚上的晚安吻習慣，卻可能從

此取消了。

我們通常不會記得自己因為身體勞累，所以情緒不佳的事情，也會縮小甚至否認這件事情對決策的影響力，情緒會過去，當時的決定——取消晚安吻——卻可能延續下來。

因為我們總是認為自己所說的話、所做的決定都是有道理的，跟對方吵架是因為對方讓我們「忍無可忍」，不跟對方親密是因為「對方做錯了某件事情」，但**很有可能，我們是在這種事後的合理化過程中，縮小了自己情緒在其中發揮的作用**，我們會忘記或否認自己其實可能並不理性，用事後蒐集線索、填補空缺的方式來說服自己：事出必有因，而我一直都是一個很理性的人。

事情究竟有沒有那麼糟、自己有沒有那麼不快樂，會被當下的情緒漩渦不斷放大，而一旦在當下說了什麼或做了什麼，**總是否認自己會受情緒操控的人，事後就必須說服自己這麼做很合理，讓一個對關係有害、長久下來可能造成裂痕的相處方式變成習慣。**

我在強調「人是非理性的」的行為經濟學裡，記下了這個重點並且加以警惕，在感到不快樂或負面情緒襲來的時候**不要做決定**，否則到了事後，這個決定的影響還可能會持續下去。

有趣的是我發現另一半其實是無意識地選擇這個作法，雖然他也會有煩到當下臭臉，說些氣話讓我跟著生氣的時候，但更多時候他會選擇不說話，聽我把話說完就回房睡覺。雖然我就像大部分的女生那樣，覺得「吵架不是應該先和好再去睡覺嗎！」因為心情依舊煩悶而輾轉難眠，但隔天一早總是無法否認，在睡了一覺，消除

了疲憊和忘卻了當下情緒之後，兩個人都覺得這不是一件值得吵成那樣的問題。

有些時候事情已經吵到一個狀態，尤其是那些假設性的問題，是說什麼都無法在當下取得共識或者挽回和諧，這時候分頭去睡，也未嘗不是讓彼此分開冷靜。

因為只讀了他一兩本著作，我對丹·艾瑞利的行為經濟學可能過度延伸，也不知道這樣應用在自己的婚姻哲學裡算不算切題，但對我自己確實很有幫助——**永遠要記得，自己並不是自以為的那樣理性。**

這種認識會讓我們對自己的判斷有所保留，在感到都是對方的錯而自己很合理的同時，也會自我提醒要去思考「事情或許不是那樣」，每個人都有自己覺得站得住腳的地方，**在婚姻裡越是想要強調自己是對的，就越是可能全盤皆輸。**

在感到不快樂或有所不滿，甚至因為身心狀況不佳，負面情緒擴大到覺得自己「不幸」的時候，我會先克制自己不說。久了，發現這確實對我的婚姻也很有幫助。

很奇怪，埋怨對方總是比讚美容易。

有時候我難免會想：「總是讚美對方，會不會讓對方變得囂張」？或者擔心對方會因此變得吝於付出，但是「先不要想那麼多，

反正先讚美對方就對了」，能夠這樣想、這樣做的時候，也會有一種輕鬆的感覺。

用教養來比喻雖然有點關係不平等，好像有種企圖改變對方的暗示，但就像許多教養觀念所強調的，讚美其實比責備更讓人能夠接受，因為被讚美而感到喜悅的一方，也比較容易產生想要做得更好的動力。

當然現在的教養學已經精細到連「該怎麼讚美」都有一定的方法，有時看了覺得很累，那又是另外一回事了。

人與人的相處是互相的，埋怨只會帶來更多的埋怨，當我說「覺得現在的生活很幸福」的時候，先生似乎也放下了被評價的壓力而感到鬆一口氣。

人在被抱怨或者被指責時不會因此想要改善或做得更好，而會覺得對方難以取悅所以想收回自己的付出，不斷抱怨的一方就像不斷批評孩子的父母，雖然覺得自己只是「想要提醒對方做得更好」，卻降低了對方想要做好的意願。

在感到幸福的時候說出口，能讓兩個人一起感到幸福。在有了小孩，生活中的壓力和考驗只是越來越多的時候，可能更需要這種只是改變說話內容，就能讓彼此紓解壓力，覺得自己「其實還不錯」的神奇魔法，每件事情都「只說壞不說好」可能是我們透過家庭教育所傳承下來的一種文化，但這種文化不管對於教養還是親密關係，其實都只有不利的影響。

我一直覺得自己是個沒自信的人，理由是從小到大，只有沒做

到和做得不夠好的部分會被提出，考了九十五分會被問為什麼不是滿分，幫全家人收好摺好衣服之後，會被批評為什麼沒有幫每個人收進房間裡。但是當我坦承覺得自己很糟的時候，父親的反應是困惑不解。他覺得他一直很肯定我的表現，「只是沒有說而已」。

沒有說的事情卻期待對方一直都知道，我想這種存在於親子關係中常見的誤解，讓人覺得「自己總是不夠好」的情境，應該也同樣存在於親密關係當中。

對夫／妻來說，對方所做的事情，就好像理所當然那樣不需要拿出來說，自己的心情好壞、對生活的滿意與否，也是只有在負面情緒湧上，覺得不滿意、有抱怨的時候才會想和對方說，但這樣一來，誰會相信自己是能夠給對方幸福的人呢？

總是說「你為什麼不……」的人，應該會讓對方覺得，既然不被滿意，就證明這段婚姻確實是個錯誤吧。

如果不是真的有這樣的想法，或者真的覺得無法忍耐某些事情而要向對方下最後通牒，指責和不滿就不該是輕易說出口的事情，更不要說生活中有太多容易產生摩擦的瑣事細節，常常都是先去睡一覺，起床後就會覺得根本沒什麼好說。

雖然修正從小到大看習慣了的互動模式並不容易，一開始每次要開口稱讚另一半，表達對現有生活的滿意和感謝時，都會有莫名的不安，但是想到自己一路看下來，不斷抱怨彼此的夫妻，對婚姻生活的滿意度也只是不斷下滑，就覺得人不應該被「夫妻都是這樣」的刻板印象束縛，而是要去嘗試做一些，自己會覺得是不是太過夢

幻、太過理想化的事情。

　　希望結婚後也能像戀愛時那樣，有彼此相視而笑的時光，會覺得這個想法是不是太不切實際，但不去嘗試，就永遠不知道這個願望能否達成。總之當我開始為了小事謝謝對方，覺得快樂時會讓對方知道，不只是自己覺得生活滿意度提高了，連另一半都開始被我傳染。

　　他偶爾會看看我又看看孩子，然後很感嘆地說「覺得很幸福」。這個之前從未出現過的舉動，我們在自己的家庭新建立起來的習慣，讓我也覺得很幸福。

在最親密的人面前，
時而小孩，時而大人

不是永遠、並非「總是」，但每個人都需要

能夠在某些時候，像個孩子那樣被溫柔地接

納，感受到自己的能力還不夠，卻被大人擁

抱著安慰時的安全感和羞慚。

　　我們通常認為兩個足夠成熟的大人才能維繫好親密關係，但其實有時能夠在另一半面前做個孩子，親密關係才能夠持續。

　　人在成長到一定年齡之後就會被要求「做個大人」，也會自我要求必須表現出堅強勇敢，像個大人的樣子，但在這永遠複雜、瞬息萬變的世界裡其實我們時常感受到軟弱和害怕，總是有些事情從未經歷、無法掌握，這個其實不確定自己能否做好的心情不能輕易地表現出來，卻會更渴望獲得表達。

　　最近，我時常覺得自己是個永恆的新手，孩子不斷地成長，不斷有新的變化，而就在每一天接著從不同方向丟過來的球時，感覺到一種新手的緊張。那和工作可以在逐漸上手後變得得心應手的感覺是不同的，也有可能是我未曾擔任主管級的職位，從未體驗過什麼叫做商場的瞬息萬變，身為員工就是不斷地聽從指示，但是在家庭這個領域，媽媽始終是要帶頭做決定的那一個。

　　在有小孩前我時常詢問先生的意見，有小孩後，我們的指導／學生的角色自動對換，出於本能或文化上後天的教養，媽媽總被認為是「比較懂孩子」的那個人。因此什麼時候要做什麼、該換什麼樣的奶粉尿布、什麼狀況要去看醫生、一直到該用什麼態度應對孩子……各種任務都會被期待扮演主要決策者的角色，但實際上也沒有任何先前的經驗作為後盾，總之，當我發現自己對母親這個角色會一直都是新手、不斷有新的狀況要學習應對的時候，也發現我這個新手在我最主要的工作場域，也就是家庭，沒有任何前輩可以仰賴而必須獨挑大樑。

　　當然，我們這一代已經習慣在網路上不斷更新育兒知識，長輩那二三十年前帶孩子的經驗，可能也不符合我們的需求了。

　　同時間，夫妻關係和其他家人之間的人際關係，也隨著孩子的成長而不斷變化，或許是孩子讓我們對時間的推進變得敏感，孩子長大的同時，我們正在老化，而家裡的父母長輩，衰老的程度就更不用說了。

　　面對這些狀況讓我突然有所領悟，在人生的各個階段面前，我們沒有人是準備好的。孩子好像還沒有準備好離開爸媽，就每天哭著被送進了幼稚園直到習慣，身為媽媽的我還沒有準備好面對父母的年老，忙碌中抽時間去探望，看見他們在客廳打瞌睡，也會意識到他們真的老了。

　　想像他們扮演父母的角色三十多年，終於要輕鬆過退休生活時，才發現自己的體力和精神大不如前，那種對自己身體變化的陌生，一定也把他們從原本習慣的狀態下推了出去，變成銀髮族裡最資淺的……

　　大家都用什麼態度面對自己的新手身分呢？當新的考驗接踵而來，能夠承認自己其實感到害怕或慌張嗎？如果身邊有一個能夠坦承說出自己的不安和害怕的對象，就算對方其實也不能為我們做些什麼，那種有一個人身邊陪伴的感覺，一定還是比必須自己逞強來的好多了。

　　而我又想到，有那麼多人在問「結婚究竟是為了什麼」，甚至我自己也會反覆地自問，好像想要從結婚這件事情，挖掘出更多自

己還不知道的意義。如果從「生活中重要的事情，自己一個人幾乎都能做到」的角度來看，結婚確實是沒什麼意義，因為一個人可能可以過得更好、更自由。

但就是在這種人生階段轉換的時候，或者是逐漸年老而邁入不由自主的階段的時候，一個人，沒有辦法自己握住自己的手，沒有辦法讓自己感覺到，被「另外一個人」陪伴或關心。

雖然結婚也未必能夠和另一個人建立這樣的關係，有這樣的關係也未必能夠長久，但就從單純的想要和某人在一起的這個角度出發，和另一個人一起度過人生各階段的風風雨雨，就算生而為人，畢竟還是只能孤獨地面對屬於自己的考驗，單純的在物理空間上有另一個人存在，也是一種最低限度的分享和交流吧。

沒有人天生就會，兩個人一樣笨拙。

小時候總認為變成「大人」之後就什麼都懂了，等到自己也成為大人，才明白人生永遠都有陌生的任務、不懂的事情，每個人都是在還沒有準備好的情況下必須勇敢面對，因為自己肩負的責任，也會有「即使害怕也不能流露出來」的時候。

因為這樣而更渴望身邊的人懂得自己在面對未知時的緊張失措，在成為新手媽媽的第一年，曾經對什麼都要問的先生感到生氣，當時不是很懂自己為什麼有這種感覺，現在懂了，因為我理智上知

道兩個人都一樣是新手，但在心裡，我還是渴望他能夠扮演一個有經驗者，在育兒這件事情上給我支持和建議，讓我能夠感到安全。

但他是新手爸爸所以更加仰賴妻子，我渴望有人分擔照顧稚嫩嬰兒的重責大任，害怕做錯決定的那種惶恐，他不能理解而是凡事都要我做決定，那種理所當然的態度只是更加深我的不安，對於每件事情都要問我，感到壓力沉重。

舉個例子來說吧。孩子第一次發燒，我們聽醫生的診斷給了退燒藥後，退燒幾小時就又燒了上去。

有人說必須讓孩子燒一下才能殺死病毒，不斷吃藥退燒不是好事。也有人說高燒不退會導致熱筋攣的發生，所以還是超過幾度就退燒吧。當然也有人說如果這樣就應該再去看一次醫生，轉去大醫院急診。總之，看著那麼嬌小的嬰兒不斷發著高熱，我們做父母的急得像熱鍋上的螞蟻，就算看完醫生，讀遍網路上過來人的經驗，心裡的不安還是無法消除。

「為什麼會這樣？不是應該要退燒了嗎？要再給他一次藥水嗎？」

先生焦急地問我。而我也生氣地回他：「我怎麼知道啊！」如果不是因為孩子的事情更讓人掛心，兩個人差點就為了雙方越來越不好的口氣吵起架來。

一樣擔心著孩子，也一樣驚慌失措，我們都渴望有個人扮演那個安定軍心的角色，在遇到這種第一次發生的事情時，能夠用沉穩的語氣說：「放心吧。不會有事的。」

　　我們都把這樣的期待投注到對方身上，又因為發現對方和自己一樣毫無辦法，反過來，對對方對自己的要求更感到壓力和挫折。

　　到很後來先生才體會到，沒有「天生的媽媽」這種事情，我們都是新手父母，彼此是一樣的笨拙。比起互相要求再更可靠一點，還不如為彼此加油打氣，用平等的態度互相商量。

　　我那時才意識到，用人生階段來區別一個人是否成熟是錯誤的，一個人真正的成熟總是在邁入那個階段、經歷過一些考驗並且沒有因此被打倒之後。就像我只是自認為足夠成熟了才決定結婚生子，真實的自己還是一個半大人，感到害怕時就是個小孩。

　　經歷過對彼此的失望，體會到對方並不是「絕對的」可以仰賴和依靠，我們的感情卻在經歷過一開始的低潮之後，因為這樣的體認而變得更好了。

　　因為我們互相照顧，知道了對方和自己一樣，也一起面對人生階段的改變。

　　我發現過往人們談為什麼跟另一半結婚的理由，包括我自己，結婚時認為選擇這個人的原因，可能都不是能夠支撐婚姻的真實支柱，雖然我們喜歡被對方稱讚「成熟」，但我們不是渴望被某個看見我們有多成熟穩重的人愛上，而是希望和某個人在一起的時候，能夠時而小孩，時而大人。

　　我們渴望的是真實的自己能被接受，即使想做好，還是會害怕和退縮的自己也能被接受，一旦如此我們就會想更努力做個大人，因為在對方面前，我們能夠卸下「理想自我」的偽裝，坦承自己在

面對人生的時候，永遠都是個沒做好準備的孩子。

不敢或不能呈現出真實的一面會讓人只能夠偽裝下去，而這種偽裝總是會在對方表現不夠好的時候引起情緒爆發，意思是我一直都那麼努力戒掉孩子氣、壞習慣、幼稚、隱藏自己的脆弱和易受動搖，而你卻把你不夠好的一面表現得那麼坦率。只有一方可以過得任性或表現脆弱，就會變成另一方單方面的負擔，讓人想念起單身時的自由。

人生永遠都有新的變化，
最好的關係是互相扶持。

有些人渴望在親密關係裡，一直像孩子那樣被對方包容，這種心態對親密關係是有殺傷力的，被要求做個「永恆的大人」的另一方，不是轉向其他地方求取，就是發掘自我滿足的方式。但無論哪一種都會讓雙方的互相依賴變成單方面的索取，或者更精確地說，變成一個孩子在仰賴大人，而另一個人只能壓抑自己。

上一次在對方面前哭得像個孩子是什麼時候？對方是給你包容的擁抱還是指責你不夠像個大人？相對地，對方像個孩子般脆弱的那一面你是否接受？做得不夠好的時候你是否一味地指責？「都幾歲了還這個樣子……」這種想法固然有其正當性，卻等於是用年齡否定了每個人都有被接納和包容的需求。

　　從小到大我看過不少次大人流露出脆弱的樣子，**奇怪的是能夠對孩子訴說自己心碎或傷痛的大人，在面對親密關係時反而是劍拔弩張的**，後來我才明白那是被「不能表現真實自我」的想法所束縛，兩個人因為對彼此不夠信任，因此害怕時不能坦承害怕、傷痛時不能坦承傷痛。

　　自己最像孩子的一面只能向孩子訴說，是因為不用擔心會反過來被孩子傷害，換言之就是如果跟伴侶坦承的話，可能會變成被攻擊或批判的理由。

　　我不是當事人無法知道這種互不信任的互動模式在什麼時候形成，只能想像一定是有某一天，某個人坦承了自己的無助和脆弱，無論是不是伴隨著因軟弱而犯下的錯誤，總之，是被另一方以不留情面的方式否定並加以攻擊。

　　不是永遠、並非「總是」，但每個人都需要能夠在「某些時候」，像個孩子那樣被溫柔地接納，感受到自己的能力還不夠，卻被大人擁抱著安慰時的安全感和羞慚。

　　我們會以為理想的模式是一方比較成熟穩重，而另一方可以安心的仰賴或跟從，但現實是人生永遠都會有新的變化，總是會有「兩個人都沒有準備好」的時候。

　　良好的親密關係不是一套完美運轉的模式而兩個人優雅地各司其職，也不是一個永遠資深的前輩在照顧經驗不足的菜鳥，反而更像是兩個半大不小的孩子在學習相互扶持，彼此都知道自己不是「理想中的大人」，所以能夠彼此包容。

　　在對生活感到疲憊，或者對新的階段感到害怕的時候，因為對方會跟自己一起努力的那份安全感，雖然沒有人是完美的依靠，但彼此都會盡力幫助對方的那份信心，會讓人產生想要繼續努力的勇氣。

在婚姻裡
孤獨

　　距離前一本書《成為母親之後》，已經三年了，這段時間，覺得自己有了很大的改變。在之前，還覺得自己想做的事情因為成為母親而受限，而現在的我，已經真心接受並且喜愛這個「身為母親的我」了。我覺得自己成熟不少，不是每件事情都能做得很好的那種成熟，而是接受自己很多事情都尚在學習，也對自己的內心深處，究竟想成為什麼樣的人有更多認識。

　　全職母親的生活讓人沒有太多自己的時間，我卻在僅剩的時間中更知道自己想要什麼，那種感覺就像一個人如果擁有大筆的金錢，會什麼都想要，不斷觀察別人擁有什麼，一不小心就隨波逐流。但是如果一個人在金錢上極為拮据，他會想把錢花在刀口上，換取自己最必要也最想要的事物。

　　時間就是我最寶貴的資產，勝過金錢。照顧孩子總是讓人感到時光倏忽而過，只要還有一點餘裕，我就想做自己想做的事。

　　在過去，或許是因為沒有勇氣拒絕，總是為了究竟該怎麼做，才能「讓所有人都滿意」而煩惱不已。但是有了小孩之後，硬著頭皮也必須排出人生的優先順序，我並不覺得自己擁有被討厭的勇氣，但也已經開始學習，接受自己力有未逮的事實。

　　盡力就好，人生不可能事事周全，人們總是覺得成功的女人就是事事兼顧，人人讚美，只有身在其中的人才知道，沒有一件事情的完成，不需要做出任何的犧牲。這犧牲不單純只是時間、金錢、心力，還包括情感上的負荷，人總是必須因為想要做些什麼，而和旁人產生各種情感和利益上的衝突，無論關係是親密或生疏。

　　以前的我只知道退一步讓衝突消弭，實際上卻引發更多衝突，現在的我學習承擔「做自己」的壓力，為了堅定目標，專注於自己覺得重要的事物。

　　成為母親曾經讓我覺得前途茫茫，現在反而覺得是因為孩子，因為想把他養育成知道自己想要什麼，並且勇敢前行的人，不知不覺中，我也開始努力做一個那樣的人了。

　　這麼說來成為妻子、母親，女人的人生似乎總是會為了這些事情改變，並且為了關係的變化而痛苦困惑，但種種變化都會提供一個機會，讓人重新檢視自己。

　　我寫下自己的思索，從來不是以一個專家的角色，只是分享自己對這些事情的感受，特別是身為女性，這個無論扮演什麼角色，都會對身邊的人有深刻影響的位置。

　　過去因為學的是社會學的關係，不自覺就用理想中兩性平等的追求，取代了兩性仍活在不同框架下的真實世界，我前一本書談母職時就一再提到，這樣的落差讓人寂寞，而這一本書談婚姻，我想擴大到談論一種不分性別的，人在親密關係中互不理解，又因為各種內在的困境而無法向對方靠近，所產生的不可避免的孤獨。

　　我的已婚年資並不算長，而人生是不斷地向前推進，相信再過幾年我回頭看，心境又會有所不同。只能說寫作永遠是階段性的紀錄，我以「這是現在的我」的心情，克服自己是不是「太資淺」而還不應該寫此題目的心理障礙，鼓起勇氣與讀者分享。

　　最後，想藉此機會謝謝從第一本書以來，就一直在粉絲團和我

對話，陪我走過這個階段的讀者，也謝謝時報出版給我第二本書的機會，人生中有太多事情取決於緣分，而我想認真做自己能做的事情，以表達我對這些緣份的珍惜。

羽茜

在婚姻裡孤獨

作　　　者 — 羽茜
責任編輯 — 楊淑媚
美術設計 — 張巖
封面作者攝影 — Iris Lan
校　　　對 — 羽茜、楊淑媚
行銷企劃 — 許文薰

第五編輯部總監 — 梁芳春
董　事　長 — 趙政岷
出　版　者 — 時報文化出版企業股份有限公司
　　　　　　108019 台北市和平西路三段二四〇號七樓
　　　　　　發行專線 —（〇二）二三〇六 — 六八四二
　　　　　　讀者服務專線 — 〇八〇〇 — 二三一 — 七〇五
　　　　　　（〇二）二三〇四 — 七一〇三
　　　　　　讀者服務傳真 —（〇二）二三〇四 — 六八五八
　　　　　　郵撥 — 一九三四四七二四時報文化出版公司
　　　　　　信箱 — 一〇八九九臺北華江橋郵局第九九信箱
時報悅讀網 — http://www.readingtimes.com.tw
電子郵件信箱 — yoho@readingtimes.com.tw
法律顧問 — 理律法律事務所　陳長文律師、李念祖律師
印　　　刷 — 勁達印刷有限公司
初版一刷 — 二〇一八年四月二十日
初版三刷 — 二〇二〇年十二月二十二日
定　　　價 — 新台幣三二〇元

時報文化出版公司成立於一九七五年，並於一九九九年股票上櫃公開發行，
於二〇〇八年脫離中時集團非屬旺中，以「尊重智慧與創意的文化事業」為信念。

在婚姻裡孤獨 / 羽茜作 . -- 初版 . -- 臺北市：
時報文化, 2018.04　面；　公分
ISBN 978-957-13-7382-9(平裝)
1. 婚姻 2. 生活指導 3. 文集
544.307　　　　　　　　　　107004920